Virginia Satir

Meine vielen Gesichter

VIRGINIA
SATIR

Meine vielen Gesichter

Wer bin ich wirklich?

Aus dem Amerikanischen von
Gabriele Kuby und Reinhild Rillig

KÖSEL

Die Originalausgabe erschien unter dem Titel
»Your many faces« bei Celestial Arts, Berkeley, California.

MIX
Papier | Fördert gute Waldnutzung
FSC® C014496

Penguin Random House Verlagsgruppe FSC® N001967

20. Auflage 2024

Neumarkter Str. 28, 81673 München
Umschlag: Weiss Werkstatt München
Umschlag: Blütenmotiv: © Distinctimage / Virginie Sueres / plainpicture.com; Struktur: © katiko.dp / Shutterstock.com
Illustrationen: Patricia Edwards
Druck und Bindung: GGP Media GmbH, Pößneck
Printed in Germany
ISBN 978-3-466-34735-3
www.koesel.de

Inhalt

Meinen Freunden, Kollegen und allen Menschen auf der Welt, von denen ich weiß, dass wunderbare Entwicklungsmöglichkeiten in ihnen stecken.

Einleitung

Das Abenteuer, mich selbst als Wunder zu entdecken

Mit diesem Buch möchte ich dich neugierig machen auf dich: wer du bist, was du bist, welche Fähigkeiten du hast und was aus dir noch werden kann. Ich will dich anregen, einmal mit dem Gedanken zu spielen, dass du weit über dich hinauswachsen kannst. Deshalb lade ich dich zu einer besonderen Erfahrung mit dir selbst ein, die dir vielleicht in Zukunft neue Möglichkeiten eröffnet.

Ich kann diese Einladung aussprechen, weil du als Mensch einmalig bist, und das ist eigentlich schon ein Wunder. Wie kann ich so etwas behaupten? Jeder Mensch ist durch seinen Fingerabdruck gekennzeichnet. Du bist also eine einmalige Ausgabe. Stell dir einmal die momentane Weltbevölkerung vor. Knapp fünf Milliarden Menschen und dazu all jene, die einmal gelebt haben, und jene, die erst noch geboren werden. Jeder besitzt einen unverwechselbaren Fingerabdruck. Es gibt keine Duplikate. Wie konnte sich irgendjemand so viele Variationen ausdenken? Das werde ich wohl nie begreifen. Und doch ist es eine unbestreitbare Tatsache. Jeder von uns ist anders.

Andererseits kann jeder Chirurg, unabhängig davon, wo er ausgebildet wurde, jeden Menschen erfolgreich operieren, ganz gleich, welcher Kultur, Rasse, Nationalität, Sprache, Religion, politischer Überzeugung oder welchem Alter und Beruf er angehört, weil das Herz, der Kopf und andere Körperteile immer an der gleichen Stelle sind. Dementsprechend werden Kinder auch immer auf die gleiche Art gezeugt und geboren. Wir sind also auch alle gleich.

Denk auch einmal, welche phantastische Vielfalt von Systemen es im menschlichen Körper gibt. Wo sonst findest du auf kleinstem Raum einen Fernseher, ein Telefon, eine Kamera, ein Radio, einen Fernschreiber, einen Computer, Abwasser-, Leitungswasser-, Heizungs- und Kühlsysteme; Fabriken, die alle möglichen Produkte herstellen: Blut, chemische Stoffe, Gewebe, Knochen und Schweiß; all das zusammen in einer kleinen Einheit, deinem Körper.

Wenn du dich einen Augenblick umsiehst, wirst du feststellen, dass Menschen in unterschiedlichster »Verpackung« herumlaufen, verschiedene Hautfarben haben, alle möglichen Sprachen sprechen und auf tausend verschiedene Arten kochen. Menschen sind zu den erstaunlichsten Leistungen in der Lage, sowohl zu unvorstellbarer Zerstörung und grausamen Gewalttaten als auch zu unvergleichlicher Großherzigkeit, aus der heraus sie manchmal aus Liebe und Sorge für ihre Mitmenschen alles opfern, sogar ihr eigenes Leben.

Menschen, mich eingeschlossen, faszinieren mich. Sie sind meine Quelle für seelische Nahrung, Freude, Wachstum, Auseinandersetzung und Schmerz. Jeder von uns hat Teil am ganzen Spektrum der Emotionen, die ich gerne als unsere Energieströme bezeichne: Gefühle wie Ärger, Freude, Angst, Neugierde, Liebe, Begeisterung, Hilflosigkeit und Stärke. Die Auslöser für diese Gefühle mögen bei Menschen verschieden sein, die Fähigkeit zu fühlen jedoch besitzen wir alle. So wie ich hast auch du deine ganz besondere Ausstattung, Größe, Farbe, Gesichtszüge, Geschlecht, Alter, Bildung, Erfahrungen, Gedanken, Gefühle und Verhalten. Und doch ist jeder von uns im Vergleich zu einem anderen eine Mischung aus Gleichheit und Verschiedenheit. Mit manchen Menschen fühlen wir uns mehr verwandt als mit anderen, zum Beispiel Frauen mit Frauen, Männer mit Männern oder Künstler mit Künstlern. Und wir halten uns oft lieber an das, was uns bekannt ist, und wenden uns vom Unbekannten ab.

Diese Einstellung möchte ich in Frage stellen. Ich denke, dass uns im Leben vieles verloren geht, weil wir unsere Einmaligkeit nicht erkennen. Selbst wenn wir uns noch so gleichen, unterscheiden wir uns voneinander, so wie wir uns dort, wo alles anders zu sein scheint, letztlich gleichen. Wenn du nun, wie viele Menschen, glaubst, dass Vertrauen und Sicherheit durch Ähnlichkeit entstehen, fehlende Übereinstimmung dagegen Probleme schafft, nutzt du nur die Hälfte deines dir mitgegebenen Potentials. Niemand hat gerne Probleme, und wenn du meinst, dass sie durch fehlende Übereinstimmung entstehen, wirst du dich anstrengen, alle Unterschiede zu verbergen. Sicherlich kann Übereinstimmung angenehm sein, aber sie wird zunehmend langweilig, wenn du alles darauf ausrichtest. Andersartigkeit kann zwar zu Schwierigkeiten führen, sie kann das Leben aber auch reizvoll und interessant machen.

Versuch doch einmal, dich als die Summe all deiner Teile zu sehen; einige sind dir sehr vertraut, andere haben sich bisher noch nicht entwickelt, und von manchen weißt du vielleicht nicht einmal, dass es sie gibt. Stell dir jeden dieser Teile als mögliche Energiequelle vor, unabhängig davon, ob andere Menschen ihn auch besitzen und ob du ihn als gut oder schlecht ansiehst. In allem, was zu dir gehört, schlummern neue Möglichkeiten. Dieses Buch handelt von der Entdeckung dieser Teile und davon, wie sie dir helfen können, deine Möglichkeiten zu erweitern. Ich nenne diese verschiedenen Teile DEINE VIELEN GESICHTER.

Der Deckel wird gehoben

Das Risiko, nach innen zu schauen

Falls man dir früher Ähnliches beigebracht hat wie mir, bist du wahrscheinlich auch in dem Glauben aufgewachsen, dass es in der Welt nur Gutes oder Schlechtes und Richtiges oder Falsches gibt. Wenn du in dein Inneres schauen würdest, also den Deckel heben würdest, wärst du überzeugt, dass du fürchterlich schockiert bist von all dem Schlechten und Falschen, das dich anstarrt. Denn das wäre die nackte Wahrheit, und vor der fürchten sich viele.

Manche Menschen glauben, dass unter dem Deckel alles Mögliche nur darauf lauert, die Stimme erheben zu können und Ansprüche zu stellen. Sie haben Angst, dadurch hin und her gerissen und erdrückt zu werden, und das würde sie noch mehr belasten. Ich denke hier an all die Dinge, die ich hätte tun sollen, aber nicht getan habe, die ich tun müsste, aber nicht kann. Andere wiederum glauben, dass sie, wenn sie den Deckel heben, dunkle Winkel entdecken, die sie in Abgründe stürzen lassen, so dass sie für immer verloren sind. Es soll sogar Menschen geben, die Angst davor haben, dort Fähigkeiten vorzufinden, die sie nie ausleben könnten. Manche leben einfach nach dem Motto »Was ich nicht weiß, macht mich nicht heiß« und finden im Übrigen, dass mit ihnen alles in Ordnung ist.

Manche Menschen heben den Deckel deshalb nicht, weil sie von seiner Existenz keine Ahnung haben. Sie wissen nicht, dass zu ihnen mehr gehört als das, was sie sehen und hören, und das, was andere ihnen sagen. Vielleicht hört sich das alles ein wenig absurd an, und doch sind dies häufig die Reaktionen, wenn es darum geht, den Deckel zu heben und das Unbekannte in sich zu entdecken. Die Geheimnisse, Sehnsüchte und Ängste im Inneren werden oft wie die Büchse der Pandora erlebt: Einmal

geöffnet, könnte sie die gesamte Umgebung oder doch zumindest ihren Besitzer vernichten.

Neben alldem gibt es noch mehr Unbekanntes: geschlossene Knospen, die wie Pilze im Dunkeln wachsen und neue Möglichkeiten in sich tragen. Wenn wir es erst einmal geschafft haben, unsere Befürchtungen zu überwinden, und es riskieren, genau hinzuschauen, können wir Erstaunliches entdecken.

Wir beginnen unsere Entdeckungsreise mit einem Besuch im Theater des Inneren, wo wir im ersten Akt einige unserer Teile beobachten und sie kennen lernen können. Im zweiten Akt können wir dann sehen, wie wir diese Teile oder Gesichter benützen können, um neue Möglichkeiten für uns zu entdecken. Nach dem Theaterstück werden wir einigen Berühmtheiten aus Geschichte, Politik, Unterhaltung und Sport begegnen, um anhand ihrer Lebensgeschichte herauszufinden, mit welchen Gesichtern sie der Welt begegnet sind und wie sich die Geschichte ihrer erinnert. Auf einem Rummelplatz werden wir ein Karussell beobachten, um uns unsere eigenen Gesichter aus einer anderen Perspektive anzuschauen. Schließlich werden wir in einer Kunstausstellung ein Mobile betrachten, das sich frei bewegt und doch immer wieder sein Gleichgewicht findet. All diese Erfahrungen werden uns helfen, uns neu zu orientieren.

Das Theater des Inneren: Erster Akt

Der Deckel wird gehoben

Unternimm mit mir eine Phantasiereise in dein Innerstes, das wir alle besitzen, von dem aber nur ganz wenige etwas mitteilen. Es ist unser THEATER DES INNEREN, das pausenlos spielt, rund um die Uhr. Du weißt immer erst, welches Stück gerade gespielt wird, wenn du dort bist – ob Tragödie, Komödie, Dokumentarspiel, moralische Aufrüstung oder romantische Liebe. Es kann auch deine eigene Inszenierung von *Aschenputtel* oder *Struwwelpeter* sein.

Lass uns in deine Gedankenwelt gehen, in der dein Theaterstück abläuft. Ich begleite dich. Bei unserem Eintritt wird uns das Programmheft für den heutigen Abend überreicht.

DAS THEATER
DES INNEREN

zeigt heute Abend

DEINE VIELEN GESICHTER

Erster Akt: Der Deckel wird gehoben

Pause

Zweiter Akt: Wer hat das Sagen?

Die Spieler sind deine vielen Gesichter
Jeder ist willkommen
Männer und Frauen
Jung und Alt

Eintrittspreis:
Deine Aufmerksamkeit
und Bereitschaft zur Entdeckung
neuer Möglichkeiten

PERSONEN DER HANDLUNG

in der Reihenfolge ihres Auftretens

Die »Stimme« von außen –
Repräsentant der gesellschaftlichen Normen

Ärger

Intelligenz

Liebe

Dummheit

Macht und ihr Freund Manipulation

Hoffnung

Eifersucht

Humor

Sex

und all ihre Verwandten, so zahlreich, dass sie hier nicht aufgeführt werden können.

Meine vielen

Gesichter

Das Theater ist ein riesiger, kreisförmiger Raum. Wir schauen hinauf und sehen über uns ein kuppelartiges Dach. Dort oben sind wahrscheinlich die Scheinwerfer. Die Bühne befindet sich direkt unter der Kuppel. Bei unserem Eintritt reicht das Licht gerade aus, Umrisse erkennen zu können. Das Licht wird allmählich heller, und wir sehen im Hintergrund der Bühne eine Reihe von Türen, die vielleicht zu Garderoben führen, die bisher aber kein Türschild haben. Auf der Bühne ist es absolut ruhig, und wir haben Zeit, uns umzusehen.

Zu unserer Rechten befindet sich ein Gerät, das wie ein riesiges, erleuchtetes Thermometer aussieht. Die Zahlen von Null bis 100 erscheinen in großen, schwarzen Ziffern. Die Mess-Säule ist mit leuchtend blaugrüner Flüssigkeit gefüllt. An der einen Seite des Thermometers sind zwei Lampen befestigt, etwa in der Mitte eine rote, oben eine goldene. Keine der beiden leuchtet auf. Zum goldenen Licht gehört die Überschrift »Energiespender«, darunter stehen folgende Worte: Hoffnung, Hilfsbereitschaft, Stärke, neue Möglichkeiten, Veränderung und Entscheidungsfreiheit. Die Überschrift zum roten Licht lautet »Energiefresser«, und darunter stehen die Worte Hoffnungslosigkeit, Hilflosigkeit, Schwäche, keine Chance, keine Veränderung, keine Entscheidungsfreiheit. Zwischen den Energiespendern und den Energiefressern, das heißt zwischen dem goldenen und dem roten Licht, scheint eine Verbindung zu bestehen. Über allem prangen die Worte »Energie, deine Lebensquelle«.

Anscheinend registriert dieses Thermometer Gefühle. Mir kommt der Gedanke, dass unsere Gefühle in der Lage sind, sowohl Energie zu spenden als auch Energie zu verbrauchen. Die rote und goldene Lampe zeigen wahrscheinlich an, wie sich jedes Gefühl auswirkt. Bedeutet das, wir könnten andere Erfahrungen machen? Heißt das vielleicht, wir könnten grundsätzlich Dinge in unserem Le-

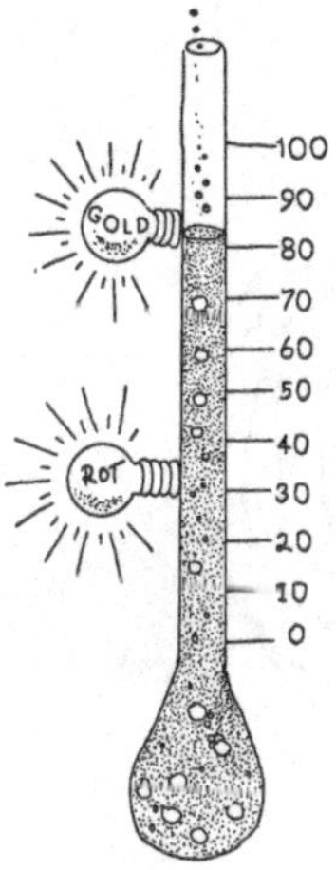

ENERGIESPENDER
Hoffnung
Hilfsbereitschaft
Stärke
neue Möglichkeiten
Veränderung
Entscheidungsfreiheit

ENERGIEFRESSER
Hoffnungslosigkeit
Hilflosigkeit
Schwäche
keine Chance
keine Veränderung
keine Entscheidungsfreiheit

ben ändern, wenn wir mehr über unsere Gefühle wüssten? Könnte das sogar heißen, dass in Wirklichkeit nicht alles so bleiben muss, wie es derzeit ist? Dieser Gedanke ist sehr hoffnungsvoll und ermutigend.

Auf der anderen Seite der Bühne, zu unserer Linken, bemerke ich ein anderes Gerät, ebenso groß wie das Thermometer, das ihm direkt gegenübersteht. Es hat farbige Ringe, acht, um genau zu sein. Darüber lesen wir »Rad der unbegrenzten Möglichkeiten«. Auch dieses Ding ist nicht erleuchtet, es ist mit Staub und Spinnweben bedeckt, so, als wäre es lange nicht benutzt worden. Ich habe das Gefühl, dass dieses Rad für mich noch wichtig werden kann.

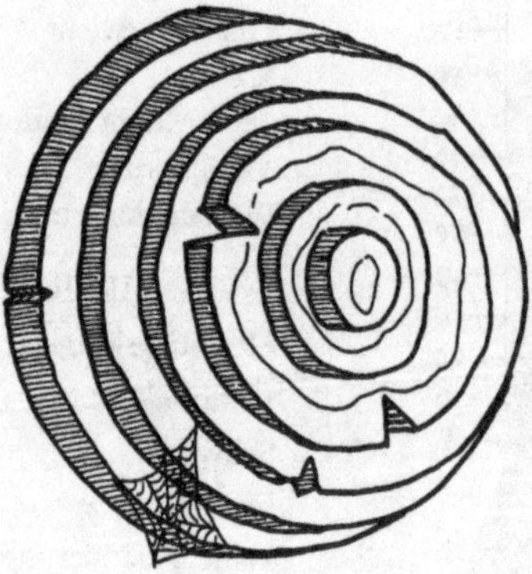

Meine Augen wandern nach rechts weiter und beim Lesen folgender Überschrift bekomme ich Magenschmerzen: »Regeln, um ein guter Mensch zu sein«. Hier ist nichts staubig oder voller Spinnweben. Die Liste ist hell erleuchtet und scheint in täglichem Gebrauch zu sein. Dort steht: »Ich muss immer alles richtig machen, ordentlich, intelligent, vernünftig, gut, gehorsam und gesund sein, egal, was es kostet oder in welcher Situation ich gerade bin, denn alle anderen sind wichtiger als ich, und wie komme ich überhaupt dazu, etwas für mich zu verlangen?«

Regeln, um ein guter Mensch zu sein

Ich muss immer
alles richtig machen
ordentlich
intelligent
vernünftig
gut
gehorsam
gesund sein

Egal, was es kostet oder in welcher Situation
ich gerade bin,
denn
alle anderen sind wichtiger als ich,
und
wie komme ich überhaupt dazu, etwas für mich
zu verlangen?

Es scheint, als wäre ich in meinem ganzen Leben immer wieder und überall in irgendeiner Form auf diese Regeln gestoßen. Ich erkenne darin die Überlebensregeln, die aus allgemein anerkannten Du-sollst-Geboten und Verboten bestehen. Ich habe viele Jahre lang versucht, nach ihnen zu leben, aber trotz aller Anstrengungen ist es mir immer nur teilweise gelungen. Gelang es mir nicht, fühlte ich mich sehr schlecht. Je mehr ich mich jedoch umsehe, desto mehr sehe ich natürlich. Wichtig ist, sich überhaupt umzusehen.

Den Überlebensregeln gegenüber, rechts neben dem Thermometer, fällt mir eine andere große

Ich – mein Selbst

Was ich alles sein kann:

ausgeglichen
fröhlich
liebend
gesund
intelligent
sexy
schöpferisch
humorvoll
kompetent.

All das ist möglich.

Tafel auf. In großen, glänzenden Buchstaben steht auf ihr: »Ich – mein Selbst.« Zwar noch sehr klar, aber schon nicht mehr so groß: »Was ich alles sein kann: ausgeglichen, fröhlich, liebend, gesund, intelligent, sexy, schöpferisch, humorvoll, kompetent.« Und darunter schließlich, sehr klein, kaum mehr zu lesen: »All das ist möglich.«

Ich erinnere mich, dass ich diese Worte oftmals angezweifelt habe. Wie viele andere dachte auch ich, das wäre nur etwas für Menschen, die akademische Abschlüsse haben, viel Geld verdienen, die richtigen Eltern oder gute Chancen hatten, aber nicht für mich. Wieder verkrampft sich mein Magen. Das Licht wird jetzt heller. Hoch oben in der Kuppel sehe ich in deutlicher Schrift »deine vielen Gesichter«, so als sollte, falls wir das Programm noch nicht gelesen hätten, jeder Zweifel beseitigt werden, um welches Stück es sich handelt.

Plötzlich nehme ich Musik wahr und stelle fest, dass sie ja die ganze Zeit schon gespielt hat, in vielen Variationen: leise, laut, langsam, schnell, schwer, leicht, harmonisch und verstimmt. So, als würde sie alle Gefühlslagen und Stimmungsschwankungen mitvollziehen. Die Musik wird allmählich leiser, und an den Türen leuchten Namen auf. Da steht: Ärger, Intelligenz, Liebe, Dummheit, Macht und ihr Freund Manipulation, Hilflosigkeit, Eifersucht und Sex. Aus dem Dunkel ist eine starke, drohende Stimme zu hören, die das Spektakel mit den Worten eröffnet:

»Musst du denn immer alles durcheinander bringen!« Daraufhin stürmt eine Figur, offensichtlich der *Ärger*, mit einer Rüstung, die mit Eisenspitzen gespickt ist, auf die Bühne und brüllt: »Was bildest du dir überhaupt ein! Für wen hältst du dich eigentlich!«, und weist mit ausgestrecktem Zeigefinger in die Richtung der Stimme. Der Hals des *Ärgers* ist rot angelaufen, und er schaut gehässig. Ich bekomme Angst.

Jetzt öffnet sich die Tür der *Intelligenz*. Eine Person mit riesigem Kopf tritt mit großen Schritten heraus, offensichtlich neugierig, was hier los ist. »Gemach, gemach«, sagt die *Intelligenz* mit selbstsicherer Stimme, »lasst doch etwas Vernunft walten, wir wollen die Situation analysieren und sehen, was hier vor sich geht.«

Der *Ärger* wirbelt herum, um die *Intelligenz* direkt anzuschauen. Kein Zweifel, jetzt wird es zu Gewalttaten kommen. Das Gesicht des *Ärgers* wird verächtlich, und er droht der *Intelligenz* mit der Faust: »Rede nur, rede nur, reden ist ja das einzige, was du kannst. Vernunft! Pah!«

Auf der rechten Seite der Bühne leuchtet das rote Licht auf, und der Energiepegel rast rauf und runter, als würde er gejagt. In diesem Moment tanzt die *Liebe* strahlend in einem fließenden Gewand durch die Tür und erklärt pathetisch: »Der Liebe gehört der Sieg!« Dabei schlingt sie schnell ihre Arme um den *Ärger*.

Der *Ärger* ist offensichtlich schockiert und beleidigt und belohnt die *Liebe* damit, dass er sie kräftig kneift. Innerhalb kürzester Zeit brechen Chaos und Verwirrung aus. Die *Liebe* schreit auf und zieht sich schnell zurück, niedergeschmettert und in Tränen aufgelöst.

Der kurze Auftritt der *Liebe* hatte aber doch einen Nutzen, denn immerhin fällt die linke Seite von der Rüstung des *Ärgers* ab. Der *Ärger* ist zu ärgerlich, um es zu bemerken, und schreit vorwurfsvoll: »Liebe ist eine Sache von Schwächlingen. Nur Schwächlinge weinen!« Die *Intelligenz* wird nervös; sie würde gerne etwas Vernünftiges sagen, aber es fällt ihr nichts ein.

In der Zwischenzeit schlurft die *Dummheit* herein und sieht ganz so aus, wie sich die *Intelligenz* wohl fühlt. Welch ein Anblick mit ihren viel zu engen und durchlöcherten Kleidern und ihrem unverständlichen, sabbernden Gebrabbel! Es ist beinahe rührend. Ich frage mich, ob diese Figur komisch sein will oder wirklich leidet.

Mit der *Dummheit* wird der *Ärger* nun gar nicht mehr fertig. Der Rest seiner Rüstung fällt ab. Der *Ärger* ist jetzt sehr verletzlich, aber er scheint sich dessen gar nicht bewusst zu sein. Beim Auftreten der *Dummheit* hat sich der Tumult gelegt, sie beherrscht nun die Szene. Der *Ärger* sackt langsam im Hintergrund der Bühne stöhnend zusammen und gibt fast so unverständliche Laute von sich wie die *Dummheit*. Welch eine Ansammlung von Charakteren! Die *Liebe* jammert in der Ecke, die *Intelligenz* hat abgedankt. Die rote Lampe leuchtet, der Energiepegel ist abgesunken und bewegt sich zwischen Hilflosigkeit und Hoffnungslosigkeit. Demnächst wird alles erstarren, und es muss schnell etwas passieren, sonst ist es zu spät.

Nun treten zwei eindrucksvolle Gestalten auf, die Macht und die *Manipulation*. Sie teilen sich eine Garderobe und sind, wie gewöhnlich, miteinander verschlungen. Die *Macht* sieht selbstsicher aus, aber sie hat einen stechenden Blick. Sie ist mager und hat gewisse Ähnlichkeit mit einem Roboter, voller Knöpfe und Schalter. Wir sind zu weit weg, um lesen zu können, was über den

Knöpfen steht, aber es wird wohl heißen: »Wenn es sein muss, dann mit Gewalt.«

Die *Manipulation* ist eine komische kleine Person. Sie hat einen Arm vorne und einen hinten, ihr Kopf kann sich im Kreis drehen. Auch ihre Beine sind mal vorne und mal hinten, wie's gerade opportun ist. Sie ist ein schillernder Charakter. Was auch geschehen mag, die *Manipulation* wird die Sache schon deichseln.

Die *Macht* sagt mit kalter Stimme: »Der *Ärger* muss vernichtet werden. Der *Ärger* ist gefährlich.« Die *Manipulation* nähert sich dem *Ärger* mit einem süßen Lächeln, als wäre sie sein Freund. Sobald der *Ärger* seine Vorsicht vergisst, packen ihn die *Manipulation* und die *Macht*, ein gut eingespieltes Team, an beiden Seiten und versuchen, ihn auseinander zu reißen. Egal, ob das nun das Richtige ist, wenigstens tut endlich jemand was.

Die *Liebe* stößt einen schrillen Angstschrei aus und fleht: »Tut ihm nicht weh, tut ihm nicht weh!« Jetzt ist viel Energie da, aber sie wird auf gefährliche Weise gebraucht. Welch ein Horror! Wo soll das hinführen? In diesem Augenblick hallt irgendwo draußen eine »Stimme«: »HÖRT SOFORT AUF! GUTE MENSCHEN TUN DAS NICHT! SIE FÜHLEN NICHT EINMAL SO! SCHLUSS DAMIT!«

Sofort tritt Ruhe auf der Bühne ein, und aus dem Augenwinkel sehe ich, wie der Energiepegel im Thermometer fällt. Die Figuren schleichen in ihre Garderoben zurück. Sofort verändern sich die Aufschriften der Türen zu: verbannt, übergangen, zurückgewiesen, gelähmt, bestraft, bestellt und nicht abgeholt. Ein schreckliches Gefühl von Ohnmacht, Hoffnungslosigkeit und Hilflosigkeit erfüllt den Raum. Das Problem ist zunächst einmal gelöst, und doch wissen wir alle, dass der Kampf weitergehen wird, auch wenn wir ihn momentan nicht mehr sehen.

Wie oft habe ich genau wie in dieser Szene meine Gefühle unterdrückt, um anderen zu gefallen. Allein schon der Gedanke daran macht mich ganz krank. Alle weiteren Überlegungen gehen im Lärm unter, der durch die Türen dringt: Jammern, Klopfen, Stöhnen, Seufzen und irres Gelächter.

Erleichterung tritt ein, als die »Stimme«, offensichtlich von Schuldgefühlen geplagt, ruft: »Wenn ihr wirklich so hilflos seid, müssen wir irgendetwas tun. Das Ganze bräuchte nicht vorzukommen, wenn ihr nur reifer wäret.«

Die *Hilflosigkeit* kommt unter viel Tränen und Gejammer herausgekrochen und bettelt darum, dass niemand mehr kämpft, dafür verspricht sie auch, lieb zu sein. Fast hätte ich laut geschrien: »Hör auf damit, sei still, ich halt's nicht mehr aus!« Die Überlebensregeln fallen mir wieder ein: »Zeig ein freundliches Gesicht und sei lieb, ganz gleich, was passiert und was es dich kostet.«

Die *Hilflosigkeit* bittet verzweifelt um ihr Leben. Die *Macht* versteht das wohl als Notsignal. Sie kehrt sofort in den Raum zurück und verbreitet Autorität um sich. Sie sieht weder freundlich noch Furcht erregend aus, sondern erscheint völlig unbewegt. Die *Hilflosigkeit* aber wird allein schon beim Anblick der *Macht* von einer neuen Welle der Hilflosigkeit überschwemmt. Obwohl sich die *Hilflosigkeit* immer nach Macht gesehnt hat, ist es ihr nie geglückt, an sie heranzukommen. Im Innersten weiß die *Hilflosigkeit* ganz genau, dass es ihr gelingen muss, denn ohne die *Macht* ist sie verloren. Aber zunächst einmal ist sie wieder in der Ecke gelandet.

Die *Macht* scheint momentan bestürzt und erschrocken zu sein. Sie wollte absolut niemandem wehtun, sondern nur dafür sorgen, dass endlich etwas Entscheidendes geschieht, damit alle merken, dass sie nicht den Rest ihres Lebens mit nutzlosem Jammern und Weinen verbringen müssen. Diesmal hat die *Macht* einen kleinen Handwerkskasten dabei, auf dem geschrieben steht: ZUR INSTANDHALTUNG UND REPARATUR VON WUNDERN. »Wenn du es wirklich wagst, mir zu begegnen, wirst du lernen, deine Hilflosigkeit selbst zu überwinden, aber zuerst darfst du keine Angst mehr vor mir, deiner Macht, haben«, erklärt die *Macht*.

Ich fühle mich etwas besser. Das Thermometer ist auf Hoffnung angestiegen, und zum ersten Mal leuchtet die goldene Lampe auf. Die *Liebe* schaut verstohlen aus der Tür heraus, um ihr Glück noch einmal zu versuchen. Sie hat wohl vorhin etwas gelernt, denn diesmal tritt sie vorsichtiger herein und sicherlich zum passenderen Zeitpunkt. Sie streckt der *Macht* die Hand entgegen, aber wartet diesmal auf eine Reaktion. Die *Macht* ergreift sanft die ausgestreckte Hand der *Liebe*. Jetzt, wo die *Liebe* und die *Macht* miteinander verbunden sind, kann es die *Hilflosigkeit* wagen, ehrlich zu sagen, was sie will. Von der *Liebe* getröstet und von der *Macht* unterstützt, wird aus der *Hilflosigkeit Mut*. Der Energiepegel steigt und liegt nun zwischen »Wandel« und »Neue Möglichkeiten«, und das goldene Licht leuchtet hell auf. Einige Minuten lang herrscht Frieden und es scheint, als wäre das innere Problem gelöst.

Plötzlich ertönt ein lauter Krach, und unsere alte Freundin, die *Manipulation*, erscheint auf der Szene; Beine, Hände und Kopf voll in Bewegung. Ihre Erklärung klingt schicksalhaft: »Dieser Friede hält sowieso nicht an. In dieser Welt müsst ihr hart sein – reißt euch zusammen und lasst das Jammern. Schließlich leben wir in einer rauen Welt. Kümmere dich nicht um das, was du willst. Tu lieber das, was die anderen von dir wollen. Das ist sicherer.« Die Worte der *Manipulation* klingen so überzeugend, dass die *Liebe*, die *Macht* und der *Mut* innehalten und den Kopf senken. Sie hat ja Recht, man sollte es sich gründlich überlegen, bevor man sich der Unwelt so zeigt, wie man wirklich ist.

Könnte die *Liebe* hier etwas ändern? Oder könnte die *Hilflosigkeit*, inzwischen zum *Mut* geworden, helfen? Die *Macht* scheint über etwas nachzudenken. Manche Menschen empfinden Liebe eben als Schwäche und Hilflosigkeit als verachtenswert. Sie verlieren schnell ihren Mut, und Macht kann für sie gefährlich werden. So gesehen ist es vielleicht doch am besten, sich mit der Außenwelt zu arrangieren. Schließlich kann man so leben, tausend andere tun es ja auch. Zwar wirst du nicht unbedingt das bekommen, was du willst, und vielleicht oft Kopf- und Magenschmerzen verspüren, aber das Leben ist ja schließlich eine ernste Angelegenheit. Das klingt wie eine Kapitulation. Draußen fängt es an zu regnen. Der Energiepegel fällt schnell wieder hinunter, erst auf Hoffnungslosigkeit, dann auf Ohnmacht. Das rote Licht leuchtet wieder auf. Jetzt ist der Moment für eine wichtige Entscheidung gekommen.

Blitzartig fliegt die Tür der *Intelligenz* auf. Die *Intelligenz*, die jetzt einen kleineren Kopf hat, der besser zum Rest ihres Körpers passt, kommt ruhig heraus und sagt leise, aber deutlich: »Ja, die Ansprüche anderer Menschen sind zwar wichtig, aber deine eigenen Bedürfnisse sind es auch. Wir müssen uns manchmal etwas Neues einfallen lassen, um beides zu berücksichtigen. So viel steht jedoch schon fest: Jeder muss erst einmal mit sich im Reinen sein und das Gefühl haben, als ganze Person wertvoll zu sein, bevor er anderen oder sich selbst gerecht werden kann.«

Welch neuer Gedanke! Erfreulich, ein bisschen Intelligenz zu haben. (Jeder Mensch hat sie, auch wenn es nicht immer so aussieht.) Die *Macht* richtet sich ein wenig auf – ihr fällt ein, dass sie ja noch andere Möglichkeiten in ihrem Handwerkskasten hat. Plötzlich erhellt sich ihr Gesicht und sie sagt: »Ich wag's. Ich denke, es lohnt sich, das zu tun, was mir wichtig erscheint.«

Die *Hilflosigkeit*, die einen Teil ihres Muts wieder verloren hat, erinnert daran, wie schlimm draußen alles ist und wie sehr man aufpassen muss, dass man andere nicht wütend macht. Sie bittet die *Macht* inständig: »Überstürze bloß nichts, sonst werden wir alle ruiniert! Mach nichts noch schlimmer, als es bereits ist. Wir werden schon irgendwie überleben.« (Wie oft bin ich schon in dieser Falle gelandet!)

Die *Liebe* scheint sich von den Bitten der *Hilflosigkeit* nicht beeindrucken zu lassen. Stattdessen nimmt sie die Hand der *Intelligenz*, und zusammen mit der *Macht* stehen die drei selbstbewusst da, jeder vom anderen unterstützt. Beruhigend sagen sie zur *Hilflosigkeit*: »Lass uns jetzt die Dinge in die Hand nehmen.« Die *Hilflosigkeit* versteht zwar nichts, aber sie fühlt sich besser. Neben einiger Erleichterung spürt sie sogar etwas Hoffnung. Der Energiepegel steigt auf Wandel, und die goldene Lampe beginnt zu flackern. Angesichts von *Liebe*, *Macht* und *Intelligenz* verwandelt sich auch die *Manipulation* und bietet sich als Manager an. Als guter Manager fragt sie die Betroffenen, was sie brauchen, anstatt ohne zu fragen selbst zu entscheiden, was für die anderen gut ist.

Das Thermometer ist fast bei neunzig, und die goldene Lampe leuchtet. Eine bisher noch nicht da gewesene Ruhe breitet sich aus. Vitalität und Vertrauen erfüllen den Raum. Es ist ein wunderbares Gefühl.

Aus dieser Ruhe werde ich ganz plötzlich herausgerissen. Es kracht, als würde das Dach einstürzen. Die *Eifersucht* rast herein, von Leidenschaft entbrannt, und brüllt verächtlich: »Wie könnt ihr es nur wagen, euch so zu fühlen. Wie kommt ihr dazu, euch gut zu fühlen, wenn es so vielen anderen schlecht geht!« Ich fühle mich, als hätte man mir einen Dolch hineingestoßen.

Die *Hilflosigkeit* fängt wieder an zu jammern: »Ich hab's ja gewusst, dass es nicht so bleiben würde. Man wird uns alle bestrafen.« Wie wir sehen, hat die *Hilflosigkeit* sich jetzt zum Pessimisten verwandelt. Der *Ärger* wird sarkastisch und autoritär: »Schmerz und Schwierigkeiten sind ganz normal, damit musst du rechnen. Du hast wohl gedacht, bei dir wäre das anders? Ein guter Witz! Nur Kinder glauben an Märchen.« Der *Ärger*, inzwischen zum Vorwurf geworden, wütet weiter: »Du wolltest wohl die anderen eifersüchtig machen und ihnen vorgaukeln, etwas Besseres zu sein. Schäm dich!«

Das goldene Licht geht aus. Eisige Kälte herrscht im Raum. Der Pegel fällt in den Bereich des Energiefressers und pendelt sich bei der Hoffnungslosigkeit ein, ein naher Verwandter der Verzweiflung.

Eine komische, völlig andere Figur zieht jetzt die Aufmerksamkeit auf sich. Es ist der *Humor*, der sich wie ein Narr aufführt. »Nehmt das doch alles nicht so ernst. Wen interessiert das schon?«, krächzt er lachend von der Decke herunter. »Das sind ja alles Hirngespinste. Niemand fühlt irgendetwas, alles Pippifax!«

Der Versuch des *Humors*, etwas zu verändern, macht alles nur noch schlimmer. Auch der *Humor* hat viele Gesichter, und nicht alle sind lustig. Peinlichkeit breitet sich aus. Die ganze Situation ist wirklich beschämend. Das Thermometer zeigt überhaupt nichts mehr an.

Plötzlich taucht aus dem Nichts der *Sex* auf. Welch ein Schock! Wie kann der *Sex* gerade zu diesem Zeitpunkt auftreten? Vielleicht hat er gedacht, es sei seine Pflicht? Dass der *Sex* in einer solchen Lage auftaucht, ist völlig unangemessen, aber ich weiß auch, wie oft versucht wird, durch Sex eine solche Situation zu verändern.

Verzweiflung macht sich breit. Die *Scham* sitzt auf der Türschwelle. Die *Hilflosigkeit* jammert, die

Macht ist zum Essen gegangen, und die *Liebe* zieht sich in ihr Zimmer zurück. Die *Schuld* beherrscht die Szene. Wieder ist alles erstarrt. Das Thermometer rührt sich nicht.

Von draußen ertönt die laute, monotone »Stimme«: »MACHT EUCH AN DIE ARBEIT! SOFORT! VERGESST DEN GANZEN GEFÜHLSQUATSCH. NUR ARBEIT ZÄHLT.« Es ist fast eine Erleichterung, und fünfzehn Minuten lang arbeitet jeder hart, niemand redet. Das äußere Problem scheint wieder einmal gelöst. Das Thermometer rührt sich immer noch nicht, keine der beiden Lampen leuchtet. Müdigkeit schleicht sich ein. Leise stiehlt sich einer nach dem anderen davon. Jeder verschwindet hinter den Türen mit den Schildern: verbannt, übergangen, zurückgewiesen, gelähmt, bestraft, bestellt und nicht abgeholt.

Ich merke, dass dies der Zustand stiller Verzweiflung ist, ein Zustand, in dem gar nichts Besonderes geschieht, weder Gutes noch Schlechtes. Das Leben geht einfach weiter, Tag für Tag. Es gibt keinen offenen Konflikt für dich, aber du spürst eine unablässige Sehnsucht nach etwas Besserem und hast trotzdem keine Energie, entsprechend zu handeln.

PAUSE

Der erste Akt ist vorüber, und wir haben Zeit, über das Geschehene nachzudenken. Vieles war beunruhigend, aber wir dürfen nicht übersehen, dass es neben den schlimmen Szenen auch hoffnungsvolle zu sehen gab. Ich glaube nicht, dass ich alles verstanden habe, aber mit Sicherheit habe ich gespürt, worum es ging. Eines wurde ganz deutlich: In uns ist immer vieles in Bewegung. Ununterbrochen reagieren wir auf Reize der Innen- und Außenwelt.

Viele Menschen nehmen das nicht wahr, weil sie sich verhärtet haben oder weil sie nicht in Schwierigkeiten kommen wollen. Sie bemühen sich, wirklich gut zu sein, alles Schlechte zu unterlassen und ihr Leben erträglich zu machen, indem sie wenig Ansprüche stellen. Sie wollen sich nicht mit etwas herumplagen, das sie nicht kennen, oder sich gar verpflichtet fühlen, all ihre Fähigkeiten zu entwickeln. Vielmehr möchten sie ein möglichst problemloses Leben haben. Diese Einstellung klingt ganz plausibel. Meine langjährige Erfahrung ist jedoch, dass ein solches Leben mit der Zeit für viele Menschen zunehmend erschöpfend, langweilig und unerfreulich wird. Genau genommen leben wir in einem emotionalen Gefängnis, ohne es zu wissen.

Ausbruch aus dem emotionalen Gefängnis

Die meisten von uns leben in diesem emotionalen Gefängnis, weil sie ein guter Mensch sein wollen. Wir akzeptieren alle möglichen Forderungen, obwohl sie oft in Widerspruch zu unseren eigenen Wünschen und Fähigkeiten stehen. (Erinnerst du dich noch an die verschiedenen Du-sollst-Gebote und Verbote?) Das Ergebnis ist fast immer ein Gefühl von Versagen, unnötiger Frustration und Enttäuschung.

Mir ist durchaus bewusst, dass wir uns weder das Wetter noch vieles andere in unserer Umgebung aussuchen können, aber wir können lernen, mit den Dingen, die außerhalb unserer Kontrolle liegen, anders umzugehen. Jeder weiß, wie verschieden Menschen auf ein und das selbe Ereignis reagieren können. Das Ereignis allein bestimmt noch nicht unser Verhalten. Die Bedeutung, die du ihm gibst (unter Berücksichtigung all deiner Teile), wird letztlich dafür ausschlaggebend sein, wie du dich verhältst.

Diese Einschränkungen entstehen hauptsächlich aus deinem inneren Dialog, ob andere dein Tun gutheißen oder nicht. Der andere kann irgendjemand sein, deine Mutter, dein Vater, dein Chef, deine Tante Berta, jede Person, auf deren Zustimmung oder Ablehnung du schielst, bevor du etwas anfängst. (Die »Stimme« im Theaterstück.) Wo wären wir heute, wenn alle Erfinder und Erneuerer erst einmal darauf gewartet hätten, von irgendjemandem Erlaubnis zu bekommen?

Viel zu oft merken wir gar nicht, dass wir wegen fehlenden Wissens, mangelnder Phantasie und zu wenig Bewusstheit hohe Mauern um uns errichten, die uns unsere eigenen Möglichkeiten verbauen.

Zum Glück sind diese Mauern nur durch unsere Gedanken so stark, auch wenn sie wie aus Beton wirken. Es besteht ein Unterschied zwischen einer konkreten Betonmauer und einer Mauer, die wir in uns errichten. Wie wir mit der Mauer draußen zurechtkommen, hat viel mit unserer inneren Mauer zu tun. Wenn wir uns innerlich unfrei fühlen, dann haben wir wenig schöpferische Energie übrig, uns kreativ mit den Anforderungen unserer Umwelt auseinander zu setzen. Alles, was wir bedrohlich empfinden, hält uns innerlich gefangen, unsere Ängste sind unsere »Gefängniswärter«, die darauf achten, dass wir nichts verändern. Diese Wärter haben wir natürlich selbst geschaffen. Sie rühren aus der Vergangenheit her und sind dadurch entstanden, dass uns früher Autoritätspersonen eingeschüchtert haben, die wir heute noch gelten lassen, ohne ihre Vorschriften auf ihren wirklichen Nutzen zu prüfen. Auch unsere Befürchtungen, nicht geliebt und geschätzt zu werden, wirken wie strenge Wärter. Daher ist es aussichtslos, innerhalb des Gefängnisses etwas Neues auszuprobieren. Der erste Schritt zum Ausbruch aus unserem emotionalen Gefängnis liegt in einem neuen Gedanken: »Es muss doch noch etwas anderes geben, und ich riskiere es, einmal hinzuschauen.« Hierin liegt Hoffnung, aus der etwas Neues entstehen kann.

Wir sind ständig bemüht, aus unserem emotionalen Gefängnis herauszukommen, denn so gemütlich ist es dort gar nicht. Wir versuchen es entweder durch Bitten, Drohen oder Anbiedern, immer in der Hoffnung, dass andere uns von dort herausholen. Wenn man davon ausgeht, dass unsere Gefängniswärter sich nur außen befinden, scheint das ganz sinnvoll zu sein. Gelegentlich können wir dann Erfolg haben, aber im Allgemeinen erreichen wir damit nichts anderes als massive Gefühle von Hilflosigkeit, Wut und Schuld.

Angenommen, wir akzeptieren, dass unsere schärfsten Bewacher im Inneren hausen, dann können wir den Versuch wagen zu verstehen, wie unsere Gedanken, Gefühle, unser Körper und unsere Seele miteinander verbunden sind. Wir alle haben Überzeugungen, die bei Licht betrachtet geradezu lächerlich erscheinen, und doch haben wir bisher nach ihnen gelebt, ohne sie in Frage zu stellen. Sicher kennst du auch solche Überzeugungen. Wenn du sie dir einmal bewusst gemacht hast, kannst du sie auf ihren Nutzen für dich überprüfen.

Gelingt es dir, dich von alten Überzeugungen, die nicht mehr in dein Leben passen, zu lösen, dann begibst du dich in Neuland, für das es noch keine Landkarte gibt. Du selbst entwirfst sie auf deinem Weg. So etwas nennt man Risiko. Wie jeder, der sich in der Wildnis einen Weg sucht, sind viele verschiedene Wege möglich. Ein Ort mag verlockend sein, bevor du ihn erreicht hast. Wenn du jedoch dort angekommen bist, merkst du vielleicht, dass er nicht das bietet, was du dir von ihm versprochen hast, und du musst eine neue Richtung einschlagen. Er kann aber auch viel mehr zu bieten haben, als du je gedacht hast, und es ergeben sich neue Wege. All das gehört zu einer Entdeckungsreise. Es gibt niemals nur den einen richtigen Weg, den du im Vorhinein festlegen könntest. Du kennst einen Ort immer erst dann, wenn du einmal dort gewesen bist.

Viele Menschen kommen im Alltag nicht so gut zurecht, weil sie zu viel Energie im Inneren vergeuden. Unser Innenleben und unser Verhalten hängen eng miteinander zusammen. Die meisten von uns haben als Kind gelernt, wie man sich anpasst und gehorsam ist. Das war alles, was wir kannten, bis wir schließlich lernten, dass es auch andere Möglichkeiten gibt. All die Schmerzen, die wir aushalten mussten, um weiterzuleben, ertrugen wir in dem Glauben, dass das Leben eben so sei. Auf diese Weise wuchsen die Mauern unseres emotionalen Gefängnisses.

Es ist ein Riesenschritt, erlernte Überzeugungen in Frage zu stellen. Wir begeben uns damit ins Ungewisse und das macht erst einmal Angst. Der Weg dorthin ist beschwerlich und oft unklar. Wenn wir jedoch einmal zum Entdecker unseres Selbst werden, dann brechen wir aus unserem Gefängnis aus. Damit schaffen wir eine wichtige Voraussetzung für persönliches Wachstum. Wir können unsere Energie jetzt dazu benutzen, neue Möglichkeiten auszuprobieren, anstatt sie weiterhin damit zu verschwenden, alte Überzeugungen zu verteidigen, damit unser Leben einigermaßen erträglich bleibt.

Es macht mich traurig, dass viele Menschen in einem emotionalen Gefängnis leben, ohne es zu wissen. Sie spüren nur eine gewisse Unzufriedenheit und Depression und warten auf ein besonderes Ereignis, das alles verändern könnte, das aber nie eintrifft. Sie haben sich dieses Schicksal selbst gewählt, weil es ihnen nicht gelungen ist, die Überlebensregeln zu erfüllen, die sie mangels besseren Wissens als

Richtschnur für ein gutes Leben akzeptiert haben. NIEMAND KANN DIESE REGELN ERFÜLLEN. Sie sind die Tür zum emotionalen Gefängnis. In diesem Gefängnis kann man nichts anderes tun, als das Urteil abzusitzen. Erst wenn wir es verlassen, haben wir die Möglichkeit zu einem neuen Leben. Was wir im ersten Akt des Stückes *Deine vielen Gesichter* unter dem Deckel gesehen haben, spielt sich in unserem Inneren ab, solange wir in dem Gefängnis sind. Viele von uns sind über den ersten Akt noch gar nicht hinausgekommen.

Der zweite Akt wird gleich beginnen. Wir sind immer noch im Theaterstück *Deine vielen Gesichter*, und der zweite Akt heißt »Wer hat das Sagen?«.

Das Theater des Inneren: Zweiter Akt

Wer hat das Sagen?

Diesmal ist bei unserem Eintritt das Theater hell erleuchtet und alles gut zu sehen. Vor uns steht eine attraktive menschliche Gestalt in einem weißen Gewand; sie könnte sowohl ein Mann als auch eine Frau sein. Sie trägt um die Taille einen breiten, azurblauen Gürtel, auf dem mit glänzendem Faden das Wort WUNDER gestickt ist, und voller Stolz ein Stirnband, auf dem in großen, leuchtenden Buchstaben HAUSHERR geschrieben ist. Sie steht fest auf dem Boden, streckt die Arme zum Himmel und bewegt sich frei, immer im Kontakt mit ihrer Umgebung. Das Gesicht ist sympathisch, man sieht ihm Lebenserfahrung an. Ich spüre, dass diese Person alles, was ihr das Leben bringt, willkommen heißt und dass sie bereit ist, es zu sortieren, zu verarbeiten oder als Herausforderung anzunehmen, je nachdem, wie nützlich es im Moment für sie ist. Diese Person sieht in ihrer Umgebung einen wichtigen Teil ihres Lebens, aber sie weiß, dass das Eintauchen in die Außenwelt nur in dem Maße befriedigend und effektiv sein kann, in dem sie sich innerlich ausgeglichen und frei fühlt.

Die Türen tragen noch die gleichen Schilder wie am Ende des ersten Aktes: verbannt, ignoriert, zurückgewiesen, gelähmt, bestraft, bestellt und nicht abgeholt. Aus den Räumen dringen laute, unangenehme Geräusche, die Angst machen. Während sich die menschliche Gestalt die Schilder an den Türen ansieht, sind Aufregung und etwas Spannung zu spüren. Ich höre sie sagen: »Ich werde herausfinden, was hinter dieser Tür ist.« Ich sehe allerdings, dass sie dazu allen Mut braucht. Als sie schließlich bereit ist, dem Unbekannten ins Auge zu schauen, geht sie auf die Tür mit dem Schild »bestraft« zu, hält aber vor dem Klopfen noch einen Moment inne, als wollte sie sagen: »Bin ich wirklich bereit, das anzuschauen, was dort ist?«

Ihre Stimme klingt entschlossen, als sie sagt: »Ich habe zwar Angst, aber ich werde nie herausfinden, was dahinter ist, bevor ich nicht schaue.« Damit öffnet sie die Tür. Schließlich ist sie ja der Hausherr und hat den einzigen Schlüssel.

Sie sieht ein hässliches Gesicht. Es ist unser alter Freund, der *Ärger*, der auch manchmal als Vorwurf oder Ironie auftritt. Der Hausherr sagt: »Moment mal«, und geht zu der Tür von *Liebe*. Was der *Ärger* braucht, ist etwas Liebe, denn der Hausherr hat hinter die Fassade geschaut und dort das schreckliche Gefühl erkannt, nicht geliebt zu werden. Die *Hilflosigkeit*, die nebenan immer noch jammert, ist ein ganz naher Verwandter des *Ärgers*. Auf dem Weg, die *Liebe* zu bitten, herauszukommen, fällt dem Hausherrn ein, dass die *Intelligenz* hilfreich sein könnte. Er klopft an ihre Tür und lädt sie ein zu kommen. Dann fällt ihm ein, dass die *Liebe* zwar dem Ärger helfen könnte, sich besser zu fühlen, und die *Intelligenz* verstehen könnte, was gerade vor sich geht, aber beide nutzlos wären ohne die Anwesenheit der *Macht*. Der Hausherr weiß, dass die *Macht* viele Formen annehmen kann, aber er ist zuversichtlich, dass sie jetzt nicht alles dominieren wird.

Der Hausherr holt die *Macht* aus ihrem Gefängnis, hakt sich bei *Liebe* und *Intelligenz* ein und geht weiter zum jammernden *Ärger*. Inzwischen ist die *Hilflosigkeit* halb unter das Bett des *Ärgers* gekrochen, anscheinend aus Angst, geschlagen zu werden. Der *Ärger* hat einen Fuß auf die *Hilflosigkeit* gesetzt. Es sieht so aus, als wollte sich der *Ärger* für seine eigene Hilflosigkeit bestrafen. Das ist ein neues Problem.

Der Hausherr nimmt die Situation mit einer Erklärung in die Hand: »Jeder von euch ist ein Gesicht von mir. Ihr alle gehört zu mir. Es ist meine Aufgabe, euch zu führen. Du bist meine *Liebe*, du meine *Intelligenz* und du meine *Macht*. Auch du, meine *Hilflosigkeit*, gehörst ebenso zu mir wie du, mein *Ärger*. Von dir, mein *Ärger*, bekomme ich die deutliche Botschaft, dass ich irgendetwas nicht beachtet habe. Du fühlst dich bedroht und hast Angst. Was habe ich dir getan?«

Jetzt geschieht etwas Interessantes. Der *Ärger* nimmt seinen Fuß von der *Hilflosigkeit* herunter, die *Hilflosigkeit* erscheint weniger ängstlich, und ausgerechnet der *Ärger* fängt an zu schluchzen. »Ich bin vernachlässigt worden, du hast mich einfach nicht beachtet. Neulich warst du wütend auf deine Tochter und wusstest genau, dass ich da war, aber du hast so getan, als gäbe es mich gar nicht. Als ich dir dann Kopfschmerzen gemacht habe, hast du ein Aspirin geschluckt, damit du mich nicht spürst.«

Man sieht dem Hausherrn ein Aha-Erlebnis an. »Das stimmt«, gibt er zu, »ich hatte nicht den Mut, meiner Tochter zu sagen, wie es mir wirklich ging, aus Angst, sie wäre mir böse und ich müsste mich dann damit auseinander setzen. Eigentlich war ich wütend, aber ich habe versucht, dich zu unterdrücken. Es war richtig, dass du so viel Lärm gemacht hast. Manchmal bin ich ziemlich taub. Jetzt weiß ich, dass es gar nicht so schlimm gewesen wäre, ihr zu sagen, dass ich mich ärgere. Sie hat sicher gewusst, dass sie rücksichtslos war, aber ich fürchte oft, andere zu verletzen, wenn ich ihnen meinen Ärger zeige. Jetzt weiß ich, dass ich mich damit nur meiner Energie beraube, wenn ich anderen die Wahrheit vorenthalte.«

Der *Ärger* fängt an, zufrieden zu werden, und die *Macht* legt ihren Arm um des *Ärgers* Schulter. Es ist deutlich, dass es eigentlich nicht um das Problem geht, ein ärgerliches Gesicht zu machen, sondern um den Schmerz, der entsteht, wenn Ärger unterdrückt wird. Der Schritt, Ärger durch Liebe zu besänftigen, ohne vorher den Grund für den Ärger erkannt zu haben, ist zu groß. (Einen Ärger überhaupt zu spüren ist der Anfang neuer Möglichkeiten.)

Nach der ersten Konfrontation sauste der Energiepegel im Thermometer wieder wild auf und ab, und das rote Licht blinkte. Nachdem die Konfrontation nun überstanden und akzeptiert worden ist, steigt die Energie auf hundert, und die goldene Lampe leuchtet. Alles scheint in Ordnung zu sein.

Und schon kommt, wie im richtigen Leben, die nächste Herausforderung. Die *Manipulation* betritt ungebeten die Szene und erklärt munter: »Ich denke, du weißt ganz genau, dass deine Mutter nie damit einverstanden wäre!« Die *Intelligenz* reagiert, indem sie einen Schritt nach vorne macht und sagt: »Du hast Recht. Meine Mutter hatte andere Einstellungen als ich. Sie wäre jetzt vielleicht verwirrt oder würde sich Sorgen machen. Weißt du, sie dachte immer, Ärger sei etwas Schlechtes und würde nur Schwierigkeiten machen. Der einzig intelligente Umgang mit Ärger war für sie, ihn gar nicht zu zeigen.«

Die *Manipulation* ist entwaffnet. Sie hatte eine Auseinandersetzung erwartet. Das hier ist etwas völlig Neues, über das es sich lohnt, nachzudenken. Schließlich bietet sich die *Manipulation* zu ihrer eigenen Überraschung als Vermittler an. Diese ungewöhnliche Wendung lässt die *Liebe* besorgt fragen: »Bist du sicher, dass dich deine Mutter noch liebt, wenn sie erfährt, dass du nicht nur ärgerlich bist, sondern es auch noch zeigst?« Darauf antwortet der Hausherr: »Vielleicht nicht in dem Moment, weil sie völlig überrascht sein wird, aber wenn ich ihr Zeit lasse, dann wird sie merken, dass ich es nicht tue, weil ich sie hasse, sondern weil ich es brauche, um authentisch zu sein.« Die Energie, die wieder einmal außer Kontrolle geraten war, stabilisiert sich bei »Neue Möglichkeiten«, als der Hausherr das Wort ergreift. Das goldene Licht leuchtet.

Es herrscht jetzt eine feierliche Ruhe im Raum, und der *Humor*, der vorher wie ein Narr aufgetreten war, zeigt sich mit einem anderen Gesicht. »Wie absurd ist es von uns zu meinen, in dem Moment, wo wir unsere Gefühle mitteilen, werden wir nicht mehr geliebt oder irgendetwas Schreckliches passiert.« Das war nun wirklich sehr weise gesprochen.

Die *Eifersucht*, die nicht leicht zu überzeugen ist, ist mit ihrer Sache noch nicht zu Ende. »Wie kann es dir gut gehen, wenn es anderen Leuten schlecht geht?«

Die *Intelligenz* antwortet: »Schau mal, es ist so: Du kannst deine Gefühle ohne Vorwurf mitteilen. Ich habe gelernt, dass es mir gut gehen kann, unabhängig davon, wie gut oder schlecht es anderen geht. In meiner Kindheit habe ich wohl einiges falsch aufgefasst. Ich dachte immer, meine Mutter lächelte, weil ich brav war, und runzelte die Stirn, weil ich böse war; als ob meine Mutter nicht auch andere Gründe hätte haben können, zu lächeln oder die Stirn zu runzeln, und ich für ihre Gefühle verantwortlich gewesen wäre. Das ist natürlich Unsinn. Meine Mutter hatte außer mir noch viele Gründe, zu lächeln oder die Stirn zu runzeln. Sieh das doch einmal von dieser Seite: Wenn ich denke, ich hätte so viel Macht, dass es von mir und meinem Befinden abhängt, ob es den anderen gut oder schlecht geht, dann beleidige ich eigentlich die anderen, weil ich so tue, als ob sie keinen eigenen Willen und keine eigenen Möglichkeiten hätten. Ich möchte aber niemanden mehr beleidigen. Ich möchte anderen meine Wahrheit, meine Ehrlichkeit, meine Gefühle zeigen und erwarte, dass sie mit mir genauso umgehen wie ich mit ihnen. Wenn ich das tue, dann verstecke ich mich nicht vor mir selbst und mache auch anderen keine Vorwürfe. Beides würde viel Energie kosten. Stattdessen gehe ich mit meiner Energie sinnvoll um und gehe anderen mit gutem Beispiel voran.«

Während die *Intelligenz* gesprochen hat, ist die *Neugier* herumgerannt und hat zwischen den Beinen der Leute hindurchgeschaut, um mitzukriegen, was los ist. Jetzt stellt sie eine sehr direkte Frage: »Du meinst also, dass immer alles vollkommen sein kann? Mir ist es sehr schlecht gegangen, als alle traurig und durcheinander waren. Das war eine schlimme Erfahrung. Ich bin wirklich froh, dass sich jetzt alles zum Guten gewendet hat. Glaubst du, es bleibt immer so?«

Intelligenz, *Macht* und *Liebe* lächeln wissend und erklären geduldig: »Nein, es gibt keinen vollkommenen Weg, und es wird auch nicht immer so bleiben. Es gehört zum Leben, ab und zu in Schwierigkeiten zu kommen. Dann kommt es nicht darauf an, solche Schwierigkeiten zu vermeiden, sondern zu wissen, was wir tun können, wenn sie eintreten und alles düster erscheint und wir uns blockiert fühlen. Wir können eine solche Situation verändern, indem wir das, was wir fühlen, aussprechen, unsere Gefühle akzeptieren und dazu stehen.

Anstatt zu versuchen, den Ärger, den wir spüren, zu unterdrücken, können wir einfach sagen: ›Ich ärgere mich‹. Wir können sagen: ›Ich fühle‹, anstatt ›du machst mich ...‹ (zum Beispiel wütend). Hast du gemerkt, dass jemand Neues im Raum ist?«

Alle schauen sich um und sehen eine kleine Person, ganz in Grün, mit einem spitzen Hut leichtfüßig zur Mitte tanzen. Sie trägt ein Schild in der Hand, auf dem steht: »Ich bin *die neuen Möglichkeiten.*« Mit angenehmer Stimme sagt sie: »Ich kann erst dann auftauchen, wenn alles geklärt und verstanden worden ist und wenn die Menschen bereit sind, neue Risiken einzugehen.« Alle haben nun einen Kreis um den Hausherrn gebildet. Sie bieten sich ihm in all ihren Schattierungen von Hilflosigkeit bis Hilfsbereitschaft, Hoffnungslosigkeit bis Hoffnung, Ohnmacht bis Macht, Ärger/Vorwurf/Ironie bis Freude an. Sie möchten gerne, dass er mit ihnen zusammen mehr versteht und Herausforderungen annimmt, mehr Liebe zeigen kann und etwas für sein persönliches Wachstum tut. Er dreht sich zu ihnen um und sagt: »Ihr gehört alle zu mir. Manchmal werdet ihr mir zu viel und manchmal vergesse ich einige von euch, aber ich schätze euch alle. Ich bin dankbar, wenn ihr mich auf euch aufmerksam macht, egal, in welchem Zustand ihr seid. Erst wenn ich von euch Notiz nehme, kann ich Herr im eigenen Haus sein.«

Der Energiepegel steigt jetzt auf hundert, und die goldene Lampe leuchtet mit aller Kraft. Ab und zu flackert das rote Licht auf und sorgt für die rechte Schattierung. Ein Happy End.

Was haben wir gelernt?

Wahrscheinlich schlummern viele Teile in dir, die du noch nicht entdeckt hast. Alle diese Teile, ob du sie bisher wahrgenommen hast oder nicht, leben in dir. Wenn sie dir bewusst sind, kannst du über sie bestimmen, anstatt dich von ihnen bestimmen zu lassen. Jeder deiner Teile ist eine lebendige Energiequelle. Jeder ist vielseitig verwendbar und kann sich mit anderen Teilen so harmonisch verbinden, dass noch mehr Energie zur Verfügung steht.

Es ist für jeden von uns eine normale, alltägliche Erfahrung, viele Gesichter zu haben. Wenn du morgens aufwachst, durchläuft dein Körper einen Prozess. Du siehst vielleicht desorientiert aus, als ob du weit weg wärst. Man könnte es dein »distanziertes« Gesicht nennen. Du erlebst einen schönen Augenblick der Liebe und wirst wahrscheinlich dein »liebendes« Gesicht zeigen. Wenn dir etwas begegnet, das du nicht verstehst, zeigst du dein »verständnisloses« Gesicht. Wenn du nach einem köstlichen Mahl angenehm satt bist, zeigst du dein »zufriedenes« Gesicht. Etwas ist schief gegangen, du fühlst dich verletzt und bedroht und zeigst dein »ärgerliches« Gesicht. Wenn du etwas getan hast, bei dem du dir blöd vorgekommen bist, zeigst du dein »dummes« Gesicht. Diese Gesichter gehören zum Leben fast jedes Menschen.

Viele Menschen besitzen einen inneren Maßstab, nach dem sie jedes Gesicht als gut oder schlecht bewerten. Käme dir je der Gedanke, jedes deiner Gesichter völlig unabhängig von deiner bisherigen Beurteilung zu nutzen? Sie alle enthalten Lebensenergie. Fast jeder Mensch zeigt ab und zu ein müdes Gesicht. Müdigkeit ist ein Zustand, in dem der Körper seine gesamte Energie zur Aufrechterhaltung seiner inneren Funktionen braucht, sodass nichts übrig ist, um nach außen Lebendigkeit zu zeigen. Dies war der Fall im ersten Akt unseres Stückes.

Mach einmal eine Liste von all deinen dir bekannten Gesichtern und unterteile sie in solche, die du als gut und solche, die du als schlecht ansiehst. Unabhängig von deiner Bewertung enthält jedes deiner Gesichter sozusagen den Keim neuer Energie oder neuer Verwendungsmöglichkeiten, so, als würde man unter einer Schmutzschicht ein hübsches Gesicht finden. Ich empfehle, nur den Dreck abzuwaschen und dabei aufzupassen, dass das Gesicht nicht zerstört wird.

Zu Kolumbus' Zeiten hielt man die Welt für flach, und alle anderen Überzeugungen jener Zeit verstärkten diese Vorstellung. Wenn heute irgendjemand ernsthaft behaupten würde, die Welt sei flach, würde keiner hinhören, nicht einmal die Möglichkeit in Erwägung ziehen, weil wir inzwischen so viel Neues gelernt haben, dass die alte Vorstellung nicht mehr haltbar ist.

Das Gleiche gilt für den Menschen. Lange Zeit hatten wir das Gefühl, dass wir als Menschen begrenzt sind. Wir haben uns eingeteilt in verschiedene Kategorien, haben uns auf Bestimmtes festgelegt und uns dann eine passende Nische gesucht. Die Nische zeigte uns unsere Grenze auf, und wir machten es zu unserer Aufgabe, die Nische auszufüllen, anstatt ein erfülltes Leben anzustreben. Allmählich wird uns immer klarer, dass unsere eigenen Gedanken und Überzeugungen unsere eigentlichen Grenzen sind. Sie haben sehr viel mehr Macht, unser Leben zu formen, als irgendetwas Angeborenes. Es zeigt sich, dass wir – wenn wir unser eigenes Leben zu schätzen wissen – auch das Leben anderer besser achten können. Damit erreichen wir viel eher unser Ziel, anderen Menschen näher zu kommen. Es ist fast unmöglich, sich selbst oder andere zu schätzen, wenn man ständig bewertet.

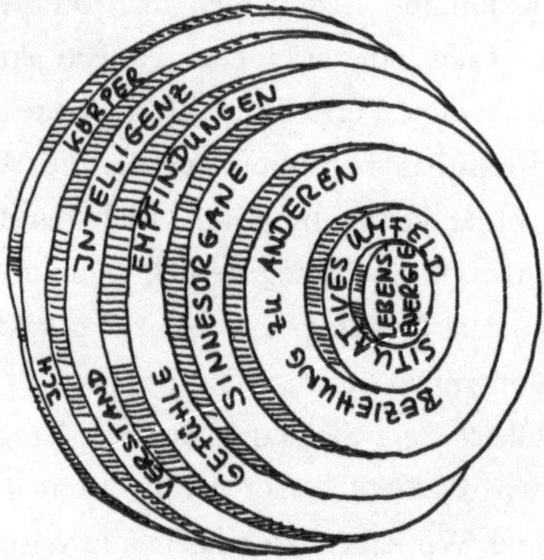

Das Rad deiner unbegrenzten Möglichkeiten

In unserem Theater des Inneren sahen wir das »Rad der unbegrenzten Möglichkeiten«. Jetzt wollen wir es einmal herausholen, den Staub und die Spinnweben abbürsten und es uns näher ansehen. Im Mittelpunkt steht das, was du dein »Ich« nennst. Dein Ich ist von einem Körper umgeben, der quasi dein Haus darstellt. Dein Verstand bildet den nächsten Ring, wir könnten ihn als Kapitän deines Schiffes bezeichnen. Er ist der Teil, der das, was du siehst und hörst, analysiert. Die nächste Schicht bilden deine Gefühle und Empfindungen, ich nenne sie deine »Lebenssäfte« – Schmerz, Freude, Ärger, Verwirrung. Als Nächstes kommen die Sinne: deine Augen, deine Ohren, deine Nase, dein Mund, die Poren deiner Haut, also alle Öffnungen, durch die Informationen von außen nach innen dringen und Botschaften von innen nach außen gelangen. Wenn du Augen, Ohren, Nase, Mund und Haut vollständig zudecken würdest, wärst du sofort tot. Selbst wenn du gerade noch so viel frei ließest, dass du etwas Luft bekommst, wärst du in Kürze völlig desorientiert. Du wärst zwar noch lebendig, aber diesen Zustand kann man kaum mehr Leben nennen.

Der nächste Ring betrifft dein Verhältnis zu den Mitmenschen. Wir können in dieser Welt nicht allein leben. Wir können nicht einmal auf die Welt kommen, ohne das Mitwirken zweier anderer Menschen. Mit anderen Menschen Beziehungen zu haben ist eine Tatsache des Lebens. Die Art dieser Beziehungen beeinflusst unsere Gesundheit, unser Selbstwertgefühl und unser Verhalten. Dies ist also unser Kommunikationsring.

All das ist von einer Seele umgeben, die unabhängig davon, wie wir sie nennen, wirkliche Lebenskraft ausdrückt. Dies ist meine persönliche Ansicht, die nicht unbedingt Bezug zu einer offiziellen Religion haben muss. Jeder kann in eine Apotheke gehen und alle chemischen Bestandteile erwerben, aus denen ein Mensch besteht. Selbst bei einer hohen Inflationsrate würde das nicht viel kosten. Aber bis heute konnte niemand aus diesen Bestandteilen einen Menschen erschaffen. Die Seele ist das Wesentliche in uns, unsere eigentliche Lebensquelle.

Dies alles wird wiederum umgeben von einem Umfeld aus Zeit, Raum, Licht, Luft, Wasser, Tönen, Farben, Wetter und Jahreszeiten. Erweitert man diese Schichten, so bilden sie das Universum. Jeder von uns ist Teil dieses Universums. Das allein ist schon Grund genug, uns als Wunder zu betrachten. All die genannten Schichten sind immer vorhanden, sie führen nicht nur ein eigenes Leben, sondern reagieren auch aufeinander. Unsere Gedanken beeinflussen unsere Gefühle, Gedanken und Gefühle beeinflussen unseren Körper, Körper und Sinne beeinflussen unsere Gedanken und Gefühle, und so weiter. Es findet eine spannende Dynamik zwischen all den Teilen in unserem Inneren statt. Wenn wir entdecken, wie diese Teile aufeinander reagieren, können wir viel darüber erfahren, wie wir uns selbst – und damit auch andere – behandeln.

Es ist nicht meine Absicht, dass du jedem deiner Teile bedingungslos folgst; vielmehr möchte ich dich einladen, deine verschiedenen Schichten zu entdecken, sie anzunehmen und mehr darüber herauszufinden, wie sie sich gegenseitig beeinflussen. Jeder Teil erfüllt eine andere Aufgabe für dich. Jeder kann für Momente alleine stehen, aber nur vorübergehend. Letztlich braucht er die Verbindung zu den anderen Teilen, um sich voll entfalten zu können.

Es macht Spaß, einmal sein eigenes Rad zu entwerfen und sich für jeden Ring, jede Schicht oder jeden Teil eine Farbe auszusuchen, die man als passend empfindet. Wenn du dir deine farbigen Ringe bastelst und sie zusammensetzt, hast du dein eigenes, persönliches Rad. Meines zum Beispiel sieht folgendermaßen aus: Das »Ich« in der Mitte bleibt für mich weiß, zum »Körper« passt für mich ein schönes Hellblau. Wenn ich mir »Verstand« vorstelle, dann sehe ich ein intensives, schimmerndes Grau; für »Gefühle« wähle ich ein zartes Rosa; die »Sinne« sind leuchtend grün; meine »Interaktionen mit anderen« rosa getöntes Beige. Wenn ich an meine »Seele« denke, stelle ich mir ein strahlendes Gold vor; das »Umfeld« erscheint mir in sanftem

Dunkelgrün und das »Universum« in leuchtendem Lila. Diese Zuordnung von Farben gibt dir vielleicht ein Gespür dafür, dass wir nicht nur aus vielen Teilen bestehen, sondern dass diese ganz unterschiedliche Empfindungen in dir hervorrufen.

Solltest du ein Mensch sein, dem zu Farben Rhythmen und Töne einfallen, könntest du auf einem Musikinstrument die Töne suchen, die den jeweiligen Farben entsprechen; daraus entstünde deine eigene Symphonie. Wenn ich das Bild noch weiter ausmale, stelle ich mir die Mitte deines Körpers (dein »Ich« im Rad der unbegrenzten Möglichkeiten) als leuchtende Sonne vor, die ihre Strahlen über deinen ganzen Körper ausbreitet und durch alle Schichten hindurch deine Umwelt erwärmt. Vielleicht spürst du schon jetzt beim Lesen, wie sich dein Selbst weitet. Die Sonne geht nie wirklich unter, aber weil wir sie nicht immer sehen können, erscheint es uns so. Manchmal dringen die Sonnenstrahlen nicht zu uns durch, wir erleben nur die Nacht, aber so sicher, wie sich die Erde dreht, wird die Sonne am nächsten Morgen wieder scheinen. Das ist Vertrauen. Vertrauen in etwas, was da ist, auch wenn wir es nicht immer sehen.

Wenn in der Nacht Mond und Sterne aufziehen, erlischt zwar das Farbenspektrum, aber durch das Mondlicht erscheint alles silbern. Stell dich auf goldene Farben ein, wenn die Sonne scheint, und auf silberne, wenn der Mond leuchtet, und erfreue dich an jedem zu seiner Zeit; erwarte nicht vom Mond, dir das zu schenken, was die Sonne hat, und umgekehrt. Mit einer solchen Einstellung können die Überlebensregeln dort, wo sie angebracht sind, zu Leitlinien werden. Wenn wir erkennen wollen, wer und was wir sind, müssen wir herausfinden, wie wir jeweils über das denken, was wir sehen, hören, denken, fühlen, sagen, wie wir aussehen und uns anhören. Die Möglichkeiten zu guten Kontakten mit unseren Teilen sind so vielfältig wie unsere Fingerabdrücke.

In unserem Theater des Inneren sahen wir zwei mögliche Versionen vom Ablauf eines inneren Dramas. Was am Ende des Stückes auffällt ist, dass sich etwas verändert hat. Im letzten Akt geschah etwas sehr Wichtiges. Dinge änderten sich, und wir sahen neue Möglichkeiten, unser Leben farbiger zu gestalten. Wenn wir wirklich Herr im eigenen Haus sind, haben wir die Kraft, äußere Schwierigkeiten anders als bisher zu bewältigen, und wir können für unser Leben unsere eigene Landkarte entwerfen. Unser Leben als ständigen Prozess zu sehen ist ein ermutigender Gedanke.

Neue Risiken eingehen

Die wichtigste Quelle für neue Möglichkeiten sind neue Gedanken und neue Überzeugungen. Das setzt jedoch unsere Bereitschaft zum Risiko voraus, diese Möglichkeiten auszuprobieren. Bei dem zu bleiben, was man schon kennt, fühlt sich viel sicherer an, während das Aufbrechen in Neuland mit Angst verbunden ist. Unbekanntes ruft gewöhnlich Aufregung und Angst hervor, beide haben ähnlichen Ursprung. Fritz Perls pflegte zu sagen: »Wenn du Angst hast, dann atme ein wenig, und du wirst den Reiz spüren. Halte deinen Atem an, und du wirst wieder Angst haben.« Der erste Schritt in eine neue Richtung ist immer aufregend und mit Angst verbunden und setzt uns einem Veränderungsprozess aus. Etwas jedoch wird dir immer helfen, dein Gleichgewicht wieder zu finden: bewusstes Atmen. Es ist der Beweis, dass du noch am Leben bist. Manche Menschen werden von ihren Katastrophenerwartungen so niedergedrückt, dass sie gar nicht erst aufbrechen.

Solltest du dir je erlauben, Neues zu versuchen, wie wäre es, wenn du auf mindestens drei verschiedene Ergebnisse gefasst wärst, anstatt nur ein bestimmtes zu erwarten. Mit dieser Einstellung kann viel mehr geschehen. Ich finde es hilfreich, die verschiedenen Möglichkeiten in der Phantasie durchzuspielen; wenn sich dabei herausstellt, dass nichts Fürchterliches passiert, kann ich viel eher den Schritt ins Neue tun. Manchmal erfüllt sich keine meiner Erwartungen, stattdessen eröffnen sich andere Möglichkeiten, von denen ich nicht einmal geträumt habe. Diese waren teils phantastisch, teils langweilig oder auch mal etwas gefährlich, aber niemals tödlich. Im schlimmsten Fall habe ich etwas gelernt; im besten Fall habe ich wunderbare, neue Erfahrungen gemacht.

Der größte Schritt auf dem Weg zu Neuem ist also das Risiko, sich dem Unbekannten auszusetzen. Manchmal werden neue Möglichkeiten nur gedacht, aber sie werden nie in die Tat umgesetzt. Ich habe mich oft gefragt, wie viele Träume und Möglichkeiten Menschen mit ins Grab genommen haben, ohne ihnen jemals Ausdruck gegeben zu haben.

Ein Weg, neue Möglichkeiten auszuschließen, ist es, um jeden Preis den Status quo erhalten zu wollen. Ein solches Verhalten resultiert aus der Annahme, es könnten Schwierigkeiten entstehen, die Grundfesten erschüttert werden und Chaos ausbrechen. Wer möchte das schon? Und doch ist es so, dass sich jede Veränderung in drei Phasen vollzieht: zuerst die Phase der Aufregung und Angst; dann die Phase, in der alles verwirrt und unbekannt erscheint – wenn du dir überlegst, dass du dich ja in Neuland bewegst, ist das nur zu verständlich –, und zuletzt die Integration, in der sich das Neue in das Bisherige einfügt. Hinter den Anstrengungen, alles beim Alten zu belassen, steht die Absicht, Vertrautes nicht aufzugeben, um die eigene Sicherheit zu bewahren und Chaos und Verwirrung zu vermeiden. Diese werden als Störung betrachtet, anstatt als normale Begleiterscheinung von Veränderungen. Viele Menschen sterben innerlich ab, weil sie nach dem Prinzip leben, nur den Status quo zu erhalten. Dieser aber setzt voraus, dass es nur einen richtigen Weg gibt. Wenn dagegen der Status quo nur als eine Alternative gesehen wird, dann eröffnen sich neue Möglichkeiten.

Als ich ein kleines Mädchen war, dachte ich immer, ich müsse den einzig richtigen Weg finden, der gewöhnlich der Weg eines anderen war, um dann den Rest meines Lebens damit zu verbringen, mit ihm zurechtzukommen. Ich bemühte mich immer, nach den Überlebensregeln zu leben. Durch sie erlebte ich viel Schmerz und Leid. Ich habe gelernt, dass Windeln fabelhaft waren, solange ich noch nicht sauber war, danach jedoch wurden sie lächerlich. Genauso musste ich feststellen, dass mein »einzig richtiger Weg« ab einem gewissen Punkt ebenso lächerlich wurde. Ich konnte nur mit der Entwicklung Schritt halten, indem ich lernte, Altes loszulassen.

Ich hatte die Vorstellung, dass auf dem einzig richtigen Weg auch nur ein richtiges Gesicht möglich war. Alles andere musste ich irgendwie verstecken. Es war wahrscheinlich kein Zufall, dass ich bis zum vierzigsten Lebensjahr die meiste Zeit krank war. Denn was ich in Wirklichkeit tat, war, den aktiven, dynamischen Wachstumsprozess zu leugnen. Damit zwang ich die Energie, die in den verleugneten Teilen steckt, dazu, in meinem Körper zu bleiben, wo sie zerstörerisch gewirkt hat. Wir Menschen sind schon zu beträchtlichem Unsinn in der Lage und geben oft ein recht absurdes Bild ab. Das aber können wir erst so richtig erkennen, wenn wir die Zusammenhänge begriffen haben.

Neue Wege findet man nicht dadurch, dass einem gesagt wird, wo's langgeht, sondern dadurch, dass man in einer liebe- und vertrauensvollen Umgebung Neues riskiert und zu entdecken wagt. Immer wieder haben mir andere Menschen gesagt, wie ich sein sollte (so wie sie natürlich), und oft hat man mir den Vorwurf gemacht, stur zu sein. Nachdem ich einmal damit angefangen hatte, mich selbst zu lieben und mir selbst zu vertrauen, konnte ich bereitwillig auf neue Möglichkeiten eingehen, wenn mir diese mit Liebe und Verständnis gezeigt wurden. Dies gab mir die Möglichkeit, mein eigenes Tempo und meine Richtung zu finden. Das Wichtigste dabei war die Entdeckung der kleinen Schritte. Ich lernte, dass ich es nicht eilig haben durfte und dass es keine Abkürzungen gab. Ich nahm mir schließlich das »Recht, geistig zurückgeblieben, aber erziehbar« zu sein. Ich habe diesen Satz schon vor vielen Jahren geprägt, er gewinnt immer noch an Bedeutung für mich. Mir scheint, dass ich durch meine Risikobereitschaft immer etwas lernen kann, selbst wenn sich im Nachhinein herausstellen sollte, dass es etwas Dummes war.

Mit neuen Augen zu schauen und neue Möglichkeiten zu entdecken heißt nicht, alles hinter sich zu lassen, was in der Vergangenheit vertraut und angenehm war. Es bedeutet vielmehr, ab und zu Zwischenbilanz zu ziehen. Damit meine ich zu sortieren, was mir bisher geholfen hat, um es beizubehalten; all das, was nicht mehr hilfreich ist, loszulassen und schließlich Neues hinzuzufügen, soweit ich es noch benötige. Das Neue kann seinen Platz leichter finden, wenn wir uns darauf einstellen, dass wir erst einmal durch eine Phase von Chaos und Verwirrung hindurchmüssen, bevor es sich in das Vorhandene einfügt. Es ist so ähnlich, als käme eine neue Person in die eigene Familie – man trennt sich deshalb nicht von den anderen Familienmitgliedern. Und doch wissen sicher viele, wie schwierig es ist, eine neue harmonische Beziehung zwischen allen herzustellen.

Vielen von uns haben sich neue Türen dadurch geöffnet, dass wir ohne Warnung in eine traumatische Situation gebracht wurden, die uns gezwungen hat, uns anders als bisher zu verhalten. Für manche Menschen ist das der einzige Anlass für Veränderungen. Vielleicht müssen wir nicht erst auf Katastrophen in unserem Leben warten. Eine Alternative wäre, uns und unsere vielen Gesichter ganz bewusst mit neuen Augen zu betrachten. Möglicherweise können wir unsere verschiedenen

Gesichter dazu nutzen, jene noch in uns schlummernden Teile zu unterstützen und ihnen Entfaltungsmöglichkeiten zu geben, sodass sie wachsen und sich verwandeln können. Danach können wir wieder offen sein für neue Gesichter, die sich zeigen möchten.

Berühmte Gesichter

Ich möchte mit unseren vielen Gesichtern gerne noch auf eine andere Weise spielen. Ich verstehe etwas meistens besser, wenn ich es mir als Schauspiel vorstelle, sodass mir das Lernen auch Spaß macht. Spiel mal mit deiner Phantasie und lass dir berühmte Leute einfallen, die du anziehend findest, weil sie dir irgendwie imponieren. Sie können aus Politik, Geschichte, Film, Fernsehen, Sport, Wirtschaft oder einem anderen Lebensbereich stammen, aber auch aus Märchen oder Comics. Nun such dir aus denselben Bereichen Personen, die dich abstoßen, wenn du an sie denkst. Zusammen sollten es mindestens sechs Personen sein. Schreibe ihre Namen untereinander auf. Ordne jeder Person eine Eigenschaft zu, die dir spontan einfällt. Eine meiner Listen sieht zum Beispiel folgendermaßen aus:

Eleanor Roosevelt	mitfühlend
Marlene Dietrich	sexy
König Heinrich VIII.	egoistisch
Aristoteles	weise
Jesus Christus	liebend
Charlie Chaplin	komisch
Hans Moser	stur

Wenn ich die Eigenschaften in gut und schlecht einteile, steht auf der positiven Seite mitfühlend, sexy, weise, liebend und komisch, alles Gesichter, die ich der Welt mit Stolz zeigen würde. Die Eigenschaften egoistisch und stur dagegen würde ich als negativ bezeichnen. Früher hätte ich alles daran gesetzt, möglichst auch den geringsten Ansatz solch negativer Züge zu verbergen.

Inzwischen habe ich gelernt, dass jeder negative Teil auch einen Keim für Nützliches enthält und jeder positive Teil einen Keim für Zerstörerisches. So kann es zum Beispiel durchaus Momente geben, in denen mir meine Sturheit hilft, mich zu schützen und meinen Platz zu behaupten. Wenn ich sie jedoch immer dann einsetze, wenn jemand eine andere Meinung hat, dann verwende ich sie zu einseitig, nämlich nur destruktiv. Ein anderes Beispiel ist mein Teil, der Heinrich VIII. verkörpert; mein Egoismus kann sehr wohl angebracht sein, wenn andere Menschen mich unter Druck setzen, etwas Unrechtes zu tun, oder etwas, was nicht zu mir passt. Dann wird er zu meinem gesunden Selbstinteresse.

Ebenso bei den Eigenschaften, die ich als positiv ansehe. Mein mitfühlender Eleanor-Roosevelt-Teil könnte in einer Situation gegen mich arbeiten, wo es nötig ist, vernünftig zu handeln, anstatt mitfühlend zu sein. Ich kann meiner Eleanor Roosevelt für ihr Angebot danken, aber jetzt brauche ich Aristoteles. Oder nehmen wir meinen Marlene-Dietrich-Teil, die Eigenschaft, sexy zu sein. Wenn ich alles mit Sex angehe, geht es mir genauso, wie wenn ich immer nur stur bin. Ich kenne einige Menschen, die ihre Sexualität ganz abgeschrieben haben, weil sie zur falschen Zeit Sexualität benutzt haben und damit in Schwierigkeiten gekommen sind. Damit aber haben sie das Kind mit dem Bade ausgeschüttet.

Da alle diese Teile in mir wohnen, kann ich sagen, dass in mir eine Eleanor Roosevelt und Marlene Dietrich, ein König Heinrich VIII., Aristoteles, Jesus Christus, Charlie Chaplin und Hans Moser leben.

Wie würde wohl eine Begegnung all dieser Personen verlaufen? Was würde Heinrich VIII. zu Eleanor Roosevelt sagen, und was würde sie ihm antworten? Was sagt Jesus zu Marlene Dietrich, und wie reagiert Charlie Chaplin auf das, was sich zwischen Marlene und Jesus abspielt? Viele von uns kennen einen solchen inneren Dialog zwischen unseren verschiedenen Teilen, ähnlich wie wir ihn im Theater des Inneren gesehen haben, und wir wissen nicht mehr weiter, wenn zwei Teile miteinander streiten. Vielleicht hatten wir auch schon immer das Gefühl, so viel Aufruhr in unserem Inneren zu haben, dass wir von außen nichts mehr aufnehmen konnten. In solchen Situationen machen wir unsere schlimmsten Fehler.

Stellen wir uns unsere negativen Teile als hungrige Hunde vor, die wir selbst nicht zur Kenntnis nehmen und natürlich auf jeden Fall vor anderen verstecken wollen. Wir sperren sie also im Inneren in einen Käfig (das heißt, wir leugnen ihre Existenz) und füttern sie nur, wenn es absolut nötig ist, und auch dann nur ganz wenig. Je hungriger sie werden, desto wachsamer müssen wir sein, denn wenn wir auch nur für einen Augenblick wegsehen, brechen sie aus und richten fürchterlichen Schaden an. Wenn wir uns eine Weile lang so verhalten, dann werden wir bald am Ende unserer Kräfte sein. Die nächste Stufe ist dann Verzweiflung. An diesem Punkt angelangt, sagen wir dann gewöhnlich, es ging nicht anders, andere haben uns dazu gezwungen.

Die Antwort besteht nicht darin, noch mehr Wachen aufzustellen, wie so viele Menschen meinen, sondern damit anzufangen, auf unsere Teile zu achten, für sie zu sorgen und sie verstehen zu lernen. Dann brauchen wir unsere Energie nicht mehr zum Abwehren, sondern können sie zum Entdecken und Verändern einsetzen.

Bleiben wir noch einmal bei der Geschichte mit den Hunden: Stell sie dir als Teile in uns vor, die bisher nur eine mögliche Verhaltensweise kannten, denen wir jetzt aber noch anderes beibringen wollen. Wer je ein Tier erzogen hat, der weiß, dass er es mit Liebe, Lob und Geduld tun muss. Wärst du bereit, geduldig und liebevoll mit dir selbst umzugehen und dich zu loben? Jeder Hund steht für einen noch unentdeckten Freund und Begleiter. Für viele ist er jedoch nur ein bösartiger Bastard. Dabei geht es uns wie jedem anderen Lebewesen: Wenn wir gehegt und gepflegt werden, entwickeln wir uns prächtig.

Keine Pflanze wird wachsen, weil du ihr sagst, dass es ihre Pflicht sei und sie böse und hässlich sei, wenn sie es nicht tut. Du behauptest auch nicht, dass sie, wenn sie nur intelligent und vernünftig genug wäre, von sich aus wüchse. Vielmehr liebst du sie, sorgst für sie und versuchst herauszufinden, was sie braucht; bekommt sie ausreichend Sonne, Wasser und Nahrung, kann sie sich voll entfalten. Mit unseren Teilen ist es ganz genauso.

Unsere äußeren Gesichter passen zu unseren inneren und sind überwiegend von ihnen geprägt. Mit dieser Vorstellung wollen wir nun zu einem Karussell auf dem Rummelplatz gehen, um die Gesichter zu betrachten, die unser Inneres uns präsentiert.

Das Karussell

Ein Karussell ist eigentlich für Kinder da, aber auch viele Erwachsene fühlen sich immer wieder von ihm angezogen. In der Mitte spielt Musik, außen herum drehen sich Pferde, die zur Musik auf und ab wippen. Unser Karussell hat in diesem Fall zwölf Pferde, und jedes Pferd trägt eines unserer Gesichter. Wir stehen davor und schauen zu. Wir lassen es sich zunächst einmal nur langsam bewegen. Mit dieser Phantasiereise möchte ich dich anregen, deine eigenen Gesichter zu beobachten. Gib ihnen die Namen von den berühmten Persönlichkeiten wie Marlene Dietrich oder Charlie Chaplin oder von Personen aus dem Theater des Inneren wie *Ärger*, *Liebe*, *Intelligenz*.

Schau erst einmal nur zu, wie sie langsam vorüberziehen. Für jedes Gesicht hat dein Auge nur ein paar Sekunden Zeit, bevor sich das nächste ins Blickfeld schiebt. Achte darauf, wie du auf jedes dieser Gesichter reagierst. Nach ein paar Drehungen des Karussells sage dir deutlich, das alles sind Gesichter von mir. Spüre, welche dir vertrauter sind, welche du besonders gern magst und welche negative Gefühle hervorrufen. Nun sieh dir jedes Gesicht einzeln an und überlege, welch neuen Sinn oder Nutzen es für dich haben könnte. Denk auch daran, wie du dieses Gesicht bisher genutzt hast. Vielleicht merkst du dabei, dass du ein Gesicht vergessen hast; wenn das so ist, dann setze noch ein Pferd auf das Karussell. Vielleicht nimmst du jetzt verschiedene Gefühle wahr, zum Beispiel Traurigkeit, Hoffnung, Ärger, Freude oder Wohlbehagen, um nur einige zu nennen. Denk daran, dass all diese Gefühle, gleich welcher Art sie auch sein mögen, dir gehören und dir helfen, wenn du sie nur gut behandelst.

Vielleicht entdeckst du ein Gesicht aus deiner frühen Kindheit. Zum Beispiel könnte dir bei deinem ärgerlichen Gesicht einfallen, dass du es immer noch so benutzt wie damals, als du zwei Jahre alt warst und geschmollt hast. Jetzt bist du allerdings zweiunddreißig und schmollst noch immer. Du bist ein Experte im Schmollen. Könnte es sein, dass du fest daran glaubst, dies sei die einzige Möglichkeit, Ärger auszudrücken, und deshalb reagierst du immer noch so? Vielleicht könntest du einmal etwas anderes ausprobieren: sagen, was du fühlst, versuchen, den Grund für deinen Ärger herauszufinden und dir einzugestehen, dass du dich wirklich hilflos fühlst, obwohl du Ärger zeigst? Und kannst du dir vorstellen, auch einmal zu schreien, wenn du verzweifelt bist? Wie geht es dir, wenn du dir klarmachst, dass du dein ärgerliches Gesicht vielfältig nutzen kannst?

Nehmen wir ein anderes Beispiel, dein aufgeregtes Gesicht. Als du im Alter von zwölf Jahren aufgeregt warst, musste sofort etwas geschehen. Irgendjemand musste dir augenblicklich zuhören. Jetzt, mit sechsundzwanzig, gebrauchst du das immer noch so und du glaubst, es sei deine Persönlichkeit und es gehöre sich so. Gibt es für dich auch die Möglichkeit, diese Aufregung als etwas Angenehmes zu erleben, jemanden daran teilhaben zu lassen, ein Bild zu malen, eine Melodie zu summen oder einen Kilometer zu laufen?

Und noch ein drittes Beispiel. Du siehst dein hilfloses Gesicht. Als du dich mit achtzehn hilflos gefühlt hast, war es dir peinlich, du hast dich vielleicht geschämt und dich versteckt. Heute versteckst du dich mit deinen zweiundsechzig Jahren, oder wie alt du bist, noch immer. Kannst du dir vorstellen, einfach um Hilfe zu bitten, wenn du sie brauchst? Könntest du akzeptieren, dass es nur allzu menschlich ist, sich einmal hilflos zu fühlen? Vielleicht macht dich deine Hilflosigkeit darauf aufmerksam, dass du etwas versuchst, was nicht sehr konstruktiv ist? Hilflosigkeit ist oft versteckte Frustration. Wenn dir das einmal bewusst wird, kannst du anfangen, in eine andere Richtung zu gehen.

Schau dir daraufhin einmal deine Gesichter an; du wirst sehen, dass in jedem mehrere Möglichkeiten stecken. Wenn du diese nutzt, wird dein Leben zwangsläufig abwechslungsreicher. Spürst du deine persönliche Stärke, wenn du es einmal so betrachtest? Du musst nicht immer nur wie gewohnt reagieren, sondern es geht auch anders. Mit diesem neuen Gefühl deiner Stärke spürst du vielleicht auch eine neue Verantwortung dir gegenüber.

Wenn wir alle Möglichkeiten, die in einer Situation liegen, bei unserer Entscheidung berücksichtigen, dann treffen wir unsere Entscheidungen bewusster, anstatt auf unbewusste Zwänge zu reagieren.

Ich habe einmal geglaubt, ich müsse alle Teile abtöten, die mir Schwierigkeiten machen. Heute weiß ich, dass sie mir sehr helfen können, wenn ich mich mit ihnen anfreunde.

Es erscheint zunächst einmal widersinnig, auf Schwierigkeiten zuzugehen, anstatt ihnen auszuweichen. Das Geheimnis liegt jedoch darin, dass wir durch Ausweichen die Spannung nur erhöhen und immer mehr Angst bekommen, weil die Schwierigkeiten nicht verschwinden, sondern sogar oft größer erscheinen, als sie in Wirklichkeit sind. Wenn wir uns ihnen zuwenden, lässt die Spannung nach. Dann können wir die Situation so wahrnehmen, wie sie ist, und angemessene Entscheidungen treffen.

Folgende Gesetzmäßigkeit fällt mir dabei auf: Je mehr du dich verspannst, desto weniger siehst und hörst du, und dein Verhaltensspielraum wird sich massiv einschränken. Gerade in einer gefährlichen Situation musst du deine fünf Sinne beisammen haben. Wenn du deine Energie dazu verwendest, Spannung aufrechtzuerhalten, fehlt sie dir an anderer Stelle, und dein Körper erstarrt.

Die Weichen selber stellen

Wir haben über Entscheidungsfreiheit gesprochen, im Gegensatz zu zwanghaftem Handeln. Wenn du das Gefühl hast, du musst nach Anweisungen anderer leben oder du darfst niemanden enttäuschen oder verletzen, wirst du ständig abwägen, ob dein Tun anderen gefällt oder nicht. Dann lässt du dir dein Leben aus der Hand nehmen.

Andere Menschen gehören sehr wohl zu deinem Leben, sonst gäbe es keine Liebe und kein Vertrauen in Beziehungen. Wir können nicht sehen, was in einer anderen Person vor sich geht, auch wenn wir uns das noch so sehr wünschen, nicht einmal bei Menschen, die uns nahe stehen. Außerdem sind wir einmalig, das heißt, wir müssen den anderen mitteilen, was im Moment in uns vor sich geht. Das schließt auch ein, manchmal *Nein* sagen zu müssen. Damit werden wir möglicherweise andere enttäuschen. Enttäuscht zu sein ist eine völlig gesunde menschliche Reaktion. Dein klares »Nein« macht auch den Weg frei für ein ehrliches »Ja«. Es lässt dich so sein, wie du bist, und du musst dich nicht hinter einer Fassade verstecken.

Ich bin immer froh, wenn mir jemand sagt, was er fühlt. Es kommt dann nicht so leicht vor, dass ich ihn verletze oder ihn für meine Erwartungen verantwortlich mache. Ich fühle mich sicherer. Es mag nicht immer angenehm sein, aber ich weiß, woran ich bin. Ich möchte, dass andere ebenso mit mir umgehen, damit ich nicht missverstanden, missinterpretiert oder falsch eingeschätzt werde. Wenn ich versuche, einige meiner Gesichter zu verbergen, oder mit einigen Gesichtern kämpfe, bin ich in Gefahr, eine Fassade vor mir her zu tragen, die andere täuscht. Wenn ich all meine Gesichter annehme und weiß, dass ich die Verantwortung für sie trage, kann ich in unterschiedlichen Situationen verschieden reagieren und akzeptieren, dass ich Fehler mache, aber auch sehr erfolgreich sein kann. Ich kann es mir dann leisten, mich als Person anzunehmen, und kann dir dasselbe zugestehen. Und ich kann mich mit der Wirklichkeit auseinander setzen, anstatt mit meinen Phantasien.

Für mich ist das Leben wie das Meer, in dem es große und kleine, sanfte und wilde Wellen gibt.

Auch mir geht's manchmal gut und manchmal schlecht, an manchen Tagen scheint mir alles zuzufliegen, und an anderen kämpfe ich mit Schwierigkeiten. Um im Bild zu bleiben: Die Strömung ist das Leben, und die Wellen sind wesentlich, um das Meer und alles, was in ihm lebt, in Bewegung zu halten. Wellen sind eine natürliche Reaktion auf die Kräfte des Universums.

Ich bin genauso. Meine verschiedenen Gesichter gehören zu mir, weil ich ein Mensch bin, der lebt und wächst, und ich sollte wissen, dass sowohl Stürme als auch Sonnenschein zum Leben gehören. So bin ich ebenso stolz auf mein sorgenvolles wie auf mein strahlendes Gesicht, weil sie zur jeweiligen Situation gehören. Ich muss nicht glücklich aussehen, wenn es in meinem Inneren brodelt, und ich muss keine Sorgenfalten zeigen, wenn es mir in Wirklichkeit gut geht. Anders ausgedrückt: Meine vielen Gesichter, von denen ich nur einen Teil kenne, stehen mir zur Verfügung, um auf die verschiedenen Situationen in meinem Leben zu reagieren. Es ist eine lebenslange Aufgabe, mich mit allem, was in mir lebt, vertraut zu machen, meine Teile zu lieben und zu verstehen, sie wachsen zu lassen und ihnen zu helfen, sich gegenseitig zu unterstützen. Wenn ich das als etwas ganz

Menschliches akzeptieren kann, anstatt als etwas, was nicht sein sollte, dann kann es so spannend werden wie bei der Entdeckung archäologischer Ausgrabungen. Was wird als Nächstes zum Vorschein kommen? Wenn ich die Grabung selbst leite, dann entscheide ich, was als Nächstes freigelegt wird.

Wer bin ich wirklich?

Hast du dir schon einmal die Frage gestellt: Wer bin ich wirklich? Wie sieht mein wahres Gesicht aus? Jemand, der diese Frage stellt, meint damit meist: Was ist mein wahres Selbst? Ich höre immer wieder Menschen sagen: »Ja, das war ich schon, aber eigentlich bin ich gar nicht so.« Wenn ich rede, mich bewege oder etwas tue, schlafe, esse oder Rechenaufgaben löse, phantasiere, träume und Fehler mache, schmutzig, sauber oder besonders schön bin, große oder kleine Probleme löse, hilflos bin und mir überflüssig vorkomme, mich sexy fühle, mich für jemanden entscheide oder jemand auf mich zukommt, dann bin das alles ich.

Ich will also noch einmal darauf zurückkommen, alles, was mit mir zu tun hat, auch als meines zu betrachten. Es sind jeweils *meine* Träume, *meine* Hoffnungen, *mein* Verhalten und *mein* Tun. Das ist der erste Schritt dazu, mein Leben in die Hand zu nehmen, denn ich kann über nichts bestimmen, was nicht mir gehört. Es könnte interessant sein, all die Dinge aufzulisten, die mit dir zu tun haben, und jeweils das Wörtchen »mein« davor zu schreiben.

Mein Traum, *meine* Hoffnung, *meine* Fehler, *mein* Ärger, und dann zu spüren, wie es sich anfühlt, so viele verschiedene Teile als zu dir gehörig zu betrachten. Mach das einen Tag lang und lass dabei nicht locker. Mit einem kleinen Ritual erklärst du jedem deutlich – in Gedanken, wenn andere dabei sind, und laut, wenn du allein bist: »Du gehörst mir, und ich möchte, dass du dich das nächste Mal so verhältst, wie ich es will.« Da du der Besitzer bist und alle diese Teile dir gehören, kannst du ihnen auch sagen, was du anders haben möchtest, und sie werden sich deinen Wünschen fügen. Vielleicht erscheint es dir ungewohnt, dass dir alles an dir gehören soll. Durch diese Übung können möglicherweise viele Stimmungen und Gefühle angesprochen werden. Du wirst vielleicht sogar eine regelrechte Schatzkammer entdecken, aber auch ein paar Bomben. Wenn ich diese Übung für mich gemacht habe, war's mir manchmal fast zu viel, was da alles zum Vorschein kam, aber ich habe gelernt, dass ich mich nicht um alles auf einmal kümmern muss. Ich kann mir das herausnehmen, was ich jetzt brauche, und mich allem anderen dann zuwenden, wenn der rechte Zeitpunkt dafür da ist. Es geht nichts verloren, aber es muss mir auch nichts im Nacken sitzen, weil ich einen guten Platz zum Aufbewahren habe. Wer bin ich also wirklich? Ich bin all das, was ich besitze. Und ich besitze letztlich alles, was in mir ist. Wie ich mich jeweils zeige, entspricht meinem Selbst, wie es sich gerade in dem Augenblick ausdrückt. Wenn ich das freundlich akzeptiere, komme ich leichter einen Schritt vorwärts. Ich bin einmalig.

Ich bin einmalig

Ich bin einmalig. Das könnte ein erschreckender Gedanke sein. Wer begleitet mich, wenn das die ganze Wahrheit ist? Es könnte aber auch ein tröstlicher Gedanke sein, sich als etwas ganz Besonderes zu sehen. Ich möchte noch einmal wiederholen, dass wir uns als Menschen grundsätzlich gleichen. Unsere Physiologie ist mehr oder weniger gleich, ebenso sind es unsere Nervensysteme und Sinnesorgane. Wir tun gut daran, uns immer wieder daran zu erinnern, dass unser aller Lebenskraft gleichen Ursprungs ist. Und doch hat jeder von uns die Möglichkeit zu unendlicher Vielfalt. Die Fingerabdrücke sind ein gutes Beispiel dafür. Finger können gleiche Bewegungen ausführen, haben gleiche Muskeln, und doch ist jeder Fingerabdruck einmalig. Gerade unsere Einzigartigkeit macht uns füreinander interessant.

Physisch sind wir alle gleich. Skelette unterscheiden sich in der Länge und Stärke der Knochen, vielleicht auch in ihrer Biegung, aber wir können davon ausgehen, dass die Gelenke überall gleich funktionieren. Ich möchte die Beziehung deutlich machen zwischen den Einzelteilen, mit ihrer vorhersagbaren Funktionsweise und der darauf aufbauenden Vielfalt. Wenn Haut zu nah an etwas Heißes gerät, kommt es zu einer Verbrennung. Unabhängig von der Hautfarbe kann diese Verbrennung durch glühende Kohlen, eine Petroleumlampe oder einen elektrischen Herd verursacht werden. Mit diesem Beispiel will ich zeigen, dass bestimmte Abläufe in unserem Körper vorhersagbar sind, nicht aber, wozu sie eingesetzt werden. Wir unterscheiden uns darin, wie wir über etwas denken, wie viel wir über die Zusammenhänge wissen und wie offen wir für verschiedene Möglichkeiten sind.

Ich möchte die Begriffe Vielfalt und Andersartigkeit miteinander vergleichen. Wenn wir in einem Garten unterschiedliche Blumen wahrnehmen, fällt es uns leicht, darin eine Vielfalt zu sehen, an der wir uns erfreuen. Wir empfinden die Vielfalt und Abwechslung als positiv. Wenn wir dagegen bei einer Gruppe von Menschen feststellen, dass sie sich, wie die eben genannten Blumen, voneinander unterscheiden, neigen wir dazu, dies als Andersartigkeit zu sehen. Von solcher Andersartigkeit erwarten wir nur Schwierigkeiten, bekommen Angst und wollen damit nichts zu tun haben.

Ob es sich nun um Menschen oder Blumen handelt, in beiden Fällen geht es darum, wie sehr wir uns gleichen oder voneinander unterscheiden. Wenn wir uns auch an der Vielfalt unter uns Menschen erfreuen könnten, würden wir uns viel mehr für die anderen interessieren. Das macht den Zauber von Reisen in ferne Länder aus, wo die Leute ganz anders aussehen und exotische Lebensgewohnheiten haben. Ich gehe immer davon aus, dass jeder Mensch, dem ich begegne, in mancher Hinsicht anders ist als ich. Das macht das Leben reizvoll und bereichert mich. Es könnte interessant sein, die Ursache von Streitigkeiten in Andersartigkeit zu sehen und Andersartigkeit als natürliche Konsequenz von Vielfalt. Vielfalt gehört zum Menschsein. So verstanden bräuchten wir weniger zu kämpfen und könnten uns mehr darum bemühen, Andersartigkeiten als Ergänzungen zu sehen.

Etwas haben alle Menschen gemeinsam: Gefühle. Jeder hat schon einmal Schmerz, Freude, Frustration, Ärger, Ausgeglichenheit oder Verwirrtheit gefühlt, aber nicht jeder reagiert darauf gleich. Was den einen zum Lachen bringt, kann den anderen zum Weinen bringen. Was dem einen wehtut, stimuliert den anderen. Wenn ich ernst nehme, dass ich einmalig bin, dann werde ich bei jeder neuen Begegnung versuchen zu entdecken, worin diese Person mir gleicht und worin sie sich von mir unterscheidet, anstatt vorauszusetzen, dass wir gleich fühlen und handeln, nur weil wir zum Beispiel die gleiche Hautfarbe besitzen oder gleich alt sind. Für mich bedeutet das, dass mir jede Person eine Gelegenheit gibt, neue Variationen zum Thema Mensch kennen zu lernen und meinen eigenen Spielraum zu vergrößern. Meine vielen Gesichter machen es mir möglich.

Zwar helfen mir meine vielen Gesichter dabei, mich zu entwickeln, meinen Blick zu erweitern und im Leben erfolgreich zu sein, aber sie verlangen nicht, dass ich meinen persönlichen Geschmack aufgeben soll. Selbst in einem guten Restaurant suche ich mir nur das heraus, was mir wirklich schmeckt. Damit werte ich die anderen Sachen nicht ab. Das ist manchmal ein ganz heikler Punkt. Wenn wir nach unseren Bedürfnissen leben, dann ist das nicht gegen die anderen gerichtet, obwohl es oft so missverstanden wird. Supermärkte bieten die verschiedensten Produkte an. Normalerweise suchen die Käufer aus dem Vorhandenen das aus, was sie brauchen und sich leisten können. Sie überlegen, welche Nahrungsmittel ihnen gut tun, hinsichtlich Nährwert, Kalorien und Geschmack.

Das Gleiche gilt für Menschen. Es gibt Menschen, bei denen spüren wir, dass wir nicht viel von ihnen bekommen. Das heißt nicht, dass sie böse sind, sondern nur, dass sie nicht zu uns passen. Wie bei allem anderen kann man auch Geschmack an Dingen entwickeln, die man bisher nicht kannte oder nicht mochte. Manchmal gehen wir allzu schnell davon aus, dass etwas schlecht schmeckt, bevor wir es überhaupt probiert haben, oder lassen es nach dem ersten Bissen bereits stehen. Es könnte sein, dass wir uns dabei selbst betrügen. Das Problem liegt nicht darin, sich zu entscheiden, ob jemand zu uns passt, sondern dass wir überhaupt wissen, wer oder was zu uns passt. Hier geht es um einen fortlaufenden Prozess von Begegnung, Kennenlernen und Auswählen.

In einem Schuhgeschäft sucht man mehrere Paare aus, probiert sie und kauft dann die Schuhe, die am besten passen. Nach einiger Zeit sind sie ausgetreten und man kauft ein neues Paar. Auch deine Lebenssituation und dein Geschmack verändern sich, und du wirst dir immer wieder ein neues Paar kaufen, das dir genauso gut passt wie früher das andere. Wir tun gut daran, uns zu erinnern, dass sich unsere Teile verändern und wir uns immer in einem Prozess des Sortierens, Veränderns, Hinzufügens und Loslassens befinden. Das gehört mit zu dem Wunder, das wir darstellen. Unabhängig von dem, was sich verändert oder gleich bleibt: Die Tatsache, dass ich einzigartig bin, verändert sich nie.

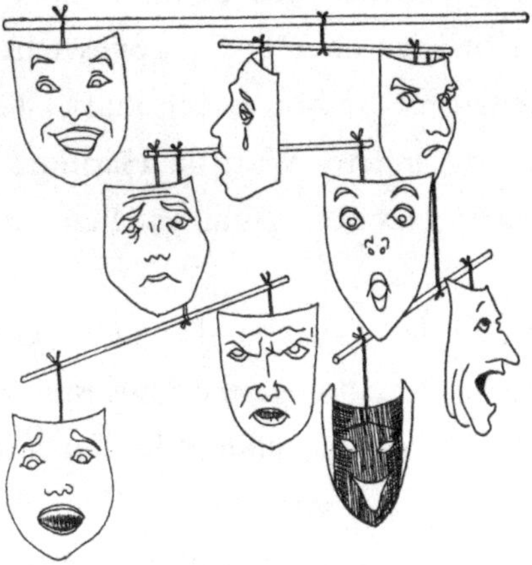

Lebendiges Mobile

Stell dir vor, dass du mit deinen vielen Gesichtern ein lebendiges Mobile bist. Ein Mobile funktioniert durch Gleichgewicht. Mit einer beliebigen Zahl von Gegenständen – unterschiedlich in Größe, Material, Gewicht und Farbe – kann man ein ausgeglichenes, harmonisches Ganzes schaffen, wenn man sie in die rechte Beziehung zueinander bringt. Das Mobile ist ein sehr anschauliches Bild für unsere verschiedenen Teile; sie ins Gleichgewicht zu bringen oder ihr Gleichgewicht wiederherzustellen ist wahre Lebenskunst. Gleichgewicht ist ein anderes Wort für Harmonie. Wenn wir nicht in Harmonie sind, erscheint das Leben dunkel.

Aufgrund der Tatsache, dass sich vieles verändert und Neues auf uns zukommt, ist von Zeit zu Zeit eine Wiederherstellung des Gleichgewichts notwendig. Nehmen wir als Beispiel unseren Körper. Wenn ein Körper im Gleichgewicht ist, dann kann jeder Teil seine Funktion erfüllen, ohne dass er von einem anderen Teil dauerhaft unterstützt werden muss. Die Beine stehen fest auf dem Boden, sodass die Wirbelsäule sich gerade darüber aufrichten kann, die Arme hängen locker an der Seite und der Kopf kann sich frei darauf bewegen. Diese Haltung meinten unsere Mütter, als sie sagten: »Halt dich gerade!« Es ist eine Position des Gleichgewichts. Wenn dies jedoch unsere einzige Haltung wäre, könnten wir nicht spielen, rennen, tanzen, gehen oder all das tun, was uns Spaß macht. Sobald wir diese Haltung verändern, müssen wir darauf achten, dass jeder Teil unterstützt wird, ohne den Rest des Körpers zu sehr zu belasten. Ist dies nicht der Fall, kommen hölzerne Bewegungen zustande. Es ist durchaus möglich, auf dem Kopf zu stehen oder auf einem Bein, oder wie bei einem Ballettsprung in der Luft zu schweben und den Boden kurzzeitig zu verlassen; dafür muss jedoch jeder andere Teil seine Funktionsweise verändern, um das Gleichgewicht wiederherzustellen. Niemand kann auf einem Bein stehen, wenn nicht alle anderen Teile dazu beitragen. Es geht nicht darum, die eine richtige Form zu finden. Vielmehr geht es darum, genau die Form zu finden, die der momentanen Aufgabe angemessen ist, und bei jeder Aufgabe muss der Körper sein Gleichgewicht neu finden.

Wenn ich als Kind aus irgendeinem Grund mein Gesicht verzogen habe, sagte meine Mutter immer: »Pass auf, dass dir das nicht so bleibt.« Manch einer hat die richtige Form gesucht, hat versucht, danach zu leben, und ist darin erstarrt. Es gibt keine Gebrauchsanweisung dafür, wie ein Körper im Gleichgewicht bleibt. Man fühlt sich im Gleichgewicht, wenn man seinen Körper spürt, seine Energie immer wieder neu sammelt und bewusst zur Unterstützung einsetzt.

Wir befinden uns ständig im Prozess der Veränderung. Veränderung bringt notwendigerweise immer Phasen des Ungleichgewichts mit sich, die von Angst und Aufregung begleitet werden. Das ist immer so, wenn etwas Neues eintritt oder etwas Altes verschwindet. Ungleichgewicht ist oft verwirrend und kann sich in Krankheit, internationalen Konflikten, Kompetenzstreitigkeiten oder Sinnleere ausdrücken. Für mich ist jedes Ungleichgewicht eine Botschaft, dass sich Veränderungen vollziehen. Es ist eine völlig natürliche Phase, denn wir können nur dann neues Gleichgewicht herstellen, wenn das alte vorher verloren ging.

Betrachtet man jedes Ungleichgewicht auf diese Weise, wird man neues Gleichgewicht anstreben, indem man zunächst einmal auf die Botschaft des verlorenen Gleichgewichts horcht und zu verstehen versucht, worum es geht. Man wird dann wahrscheinlich einige Versuche starten, neues Wissen und neue Bewusstheit einzusetzen, und dabei teilweise Erfolge, teilweise aber auch Misserfolge erzielen. Wird jedoch Ungleichgewicht als Versagen gewertet, dann breitet sich Angst aus. An diesem Punkt stellen sich Lähmung, Taubheit und Dummheit ein, und es werden große Fehler gemacht. Gleichgewicht ist ein anderes Wort für Harmonie.

Jeder von uns hat Vorstellungen davon, wie er oder sie sein sollte, und in jedem Leben kommt es einmal vor, dass man etwas anderes tun möchte, als man meint, tun zu müssen, und wozu man sich in der Lage fühlt. Das ist eine typische Situation für Ungleichgewicht, die Kummer bereitet. Viele Menschen weichen einem solchen Ungleichgewicht aus, indem sie sich an die Regeln halten, die ihnen sagen, wie sie zu sein haben. Sie nehmen lieber Schmerz in Kauf, als sich die momentane Situation, in der sie sich befinden, genau anzusehen. Dieses Verhalten macht es schwierig, sein Gleichgewicht aufrechtzuerhalten.

Phasen des Ungleichgewichts sind im Leben etwas ganz Natürliches. In einem solchen Zustand zu verharren zehrt jedoch am Selbst und bringt viel Schmerz mit sich. Es macht immer Angst, nicht mehr im Gleichgewicht zu sein, weil es sich so anfühlt, als hätten wir unser Zentrum verloren. In einem solchen Moment ist es wichtig, sich auf den nächsten Stuhl zu setzen, die Augen zu schließen, tief durchzuatmen und sich dann zu sagen: »Das ist eine Botschaft, dass in mir keine Harmonie mehr herrscht. Das ist ein SOS-Ruf.« Und dann höre genau hin, was dir deine Teile sagen wollen. Schau, was geschieht, versuche die Bedürfnisse zu erkennen und überlege, was du anders machen kannst.

Angenommen, du hast Kopfschmerzen. Verstehe sie zuallererst einmal als deutliches Signal, dass etwas aus dem Gleichgewicht geraten ist, zu wenig Nahrung bekommen hat oder nicht beachtet wurde. Möglicherweise hast du Hunger, und dein Magen sagt dir, dass er zu lange leer geblieben ist, oder dein Verdauungsapparat ist verstopft oder Nerven haben sich verkrampft und verhindern die Blutzufuhr zum Gehirn. Vielleicht hast du zu flach geatmet und leidest an Sauerstoffmangel, oder du hast dich in ein Dilemma hineinmanövriert, das von zwei Seiten an dir zerrt und deinen Verstand lähmt.

Vielleicht hast du auch eine Menge Ärger in dir angestaut, den du nicht genügend akzeptierst. Störungen können sowohl von deinem Körper, deinen Gefühlen, aber auch von deinen Gedanken herrühren. Jede für sich genommen oder alle zusammen können dir Kopfschmerzen bereiten. Wir suchen oft nur nach einer Ursache, aber es ist wahrscheinlich, dass es mehrere Gründe dafür gibt. Mein Magen kann vor Hunger knurren, weil ich nichts gegessen habe, denn ich war viel zu sehr mit meiner Depression beschäftigt; ich kann deprimiert gewesen sein, weil ich mich als Versager fühle, und ich kann mich als Versager fühlen, weil mich jemand verlassen hat. All dies zusammen hat zu meinen Kopfschmerzen geführt.

Wenn du nun meinst, die Hauptsache sei es, deinen Magen nur irgendwie zu füllen, um deine Kopfschmerzen loszuwerden, dann könnte es sein, dass sie nicht verschwinden, obwohl dein hungriger Magen durchaus eine Ursache war. Du könntest deine Depression als ganz normale Folge einer schlimmen Erfahrung sehen und damit übersehen, dass sie auch eine Beziehung zu deinen Kopfschmerzen hat. Nur allzu oft sucht der menschliche Verstand nach der einen Ursache und meint, alles gehe in Ordnung, wenn er sie behoben habe, als wäre das ein Allheilmittel. Manchmal kommt es zu ganz absurden Erklärungsversuchen: Wenn ich zum Beispiel zufällig weiche Eier gegessen habe und daraufhin mein Kopfweh verschwindet, könnte ich annehmen, weiche Eier seien ein Heilmittel gegen Kopfschmerzen. Menschen sind dann oft enttäuscht darüber, dass ihr Allheilmittel nicht immer wirkt.

Wenn bei mir etwas schief läuft, versuche ich, mir einen Kreis vorzustellen, in dessen Mittelpunkt ich stehe, und frage mich dann, welchen

Anteil haben meine Gedanken, meine Ängste, meine Ernährung, mangelnde körperliche Bewegung, meine Erwartungen, meine Interpretationen, das Wetter, Meinungen anderer oder mein Zutrauen zu mir selbst. Ich könnte vieles in Frage stellen: das, was mir die anderen gesagt haben oder das, was ich mir selbst zutraue. Ich könnte aber auch fragen: Habe ich mich schlecht ernährt? Habe ich mich zu wenig bewegt? Habe ich mich durch Äußeres blenden lassen? All das kann mich aus dem Gleichgewicht geworfen haben und mich beeinträchtigen. Es muss oft erst knüppeldick kommen – in Form körperlicher Schmerzen, großer Schwierigkeiten mit jemandem, der uns viel bedeutet, oder eines riesigen Verlustes –, bevor wir Menschen erkennen, dass wir unser Gleichgewicht verloren haben.

Ab und zu streikt auch die beste Maschine. Aber die meisten Maschinen verfügen über ein Signalsystem, das anzeigt, wenn etwas nicht richtig funktioniert. Gewöhnlich leuchtet eine rote Warnlampe auf. Auch wir haben ein solches Warnsystem. Sobald wir an einer Maschine das rote Licht aufleuchten sehen, halten wir sie an und schauen nach, was los ist. Unsere Signale leuchten ebenfalls auf, wenn wir nicht mehr im Gleichgewicht sind, und ich empfehle dringendst, auch hier nachzuschauen, was fehlt.

Wenn wir unsere rote Lampe erst einmal beachten, weil wir verstanden haben, dass sie uns darauf hinweist, dass in unserem Inneren etwas in Unordnung ist, können wir vielleicht bei genauem Hinhören und Hinsehen einen Anhaltspunkt dafür finden, was wir verändern müssen. Es kann aber auch sein, dass wir trotz aller Suche nichts finden. Dann ist es sinnvoll, uns nach jemandem umzusehen, der sich mit uns auf die Suche macht, zum Beispiel ein Familienmitglied, ein Freund, ein Lehrer, ein Pfarrer oder ein Fachmann aus den helfenden Berufen. Das Wichtigste dabei ist, dass sich diese Person mit dir auf den Weg macht, anstatt dir fertige Lösungen anzubieten.

Es ist auch sinnvoll, bereits kleine Unausgeglichenheiten ernst zu nehmen und sich mit ihnen zu beschäftigen, bevor sie sich zu Problemen auswachsen. Fragen wir uns doch einmal: Erlauben wir uns eigene Wünsche? Ist es in Ordnung, sich von Anforderungen anderer leiten zu lassen, die mir Pflicht und Verantwortung auferlegen? Spüren wir jeweils, was wir im Moment verkraften können? Was passiert, wenn wir uns müde fühlen und Schlaf brauchen, viel lieber aber zum Tanzen gehen wollen und gleichzeitig auch noch meinen, wir müssten zu Hause bleiben, um liegen gebliebene Arbeiten zu erledigen? Wenn für dich gilt, dass du immer das Richtige tun musst, bleibt dir nur, deine Pflicht zu erfüllen, egal, ob du müde bist oder etwas anderes tun willst. Wenn du nach der Regel lebst, ich kann tun und lassen, was ich will, egal, ob ich müde bin oder andere Verpflichtungen habe, wirst du wahrscheinlich noch immer unausgeglichen sein, weil du dich schuldig fühlst. Wenn du davon überzeugt bist, dass du nur zu dem in der Lage bist, was du momentan tun kannst, unabhängig von deiner Verantwortung und deinen Wünschen, sitzt du im Grunde immer noch im gleichen Boot. Dein Mobile hat keine Chance, sich flexibel zu bewegen. Jeder Windhauch kann es zerbrechen.

Wie wäre es wohl, wenn du in der Lage wärst, jeweils in einer Situation zu entscheiden, was angemessen ist, anstatt nach unumstößlichen Regeln zu leben, die jederzeit für dich gelten müssen? Das heißt, manchmal wirst du dich für die Pflicht entscheiden, manchmal für deine Wünsche und manchmal für das, was dir möglich ist. Alle deine Teile können über ihr normales Maß hinaus beansprucht werden, und wenn du dich gut genug kennst, wirst du je nach Situation die beste Entscheidung treffen können. Es muss dir nicht so gehen wie dem Plätzchenausstecher, der immer die gleiche Form hervorbringt. Du musst dich nicht zwingen, immer und überall gleich zu reagieren, sonst bleiben wichtige Teile von dir unbeachtet, und das tut weh.

Die Geschichte lehrt uns, dass man zwar eine Schlacht gewinnen und trotzdem den Krieg verlieren kann, so wie in jedem Gewinn auch ein Verlust steckt und umgekehrt jeder Verlust auch Gewinn bedeuten kann. Paradoxerweise beinhaltet jede neue Entscheidung sowohl Verlust als auch Gewinn. Anders gesagt, jede neue Entscheidung verlangt auch ein neues Gleichgewicht zwischen deinen Bedürfnissen, deinen Pflichten und deinen Wünschen.

Manche Verluste können wir gut verkraften, andere weniger. Verlust und Gewinn sind in jeder Situation anders. Wenn wir flexibel genug sind, werden wir unser Gleichgewicht immer wieder finden.

Entwurf deiner eigenen Landkarte

Die Voraussetzung für Neues ist eine unerschütterliche Überzeugung, dass es für dein Inneres keinen vorgeschriebenen, unveränderbaren Plan gibt, sondern dass alle Wege freigelegt, ausgebessert, verschönert und gänzlich neu gebaut werden können. Wir kommen in diese Welt bei unserer Geburt und verlassen sie mit dem Tod. In dieser Zeitspanne entwickeln wir unsere eigene Landkarte.

Sie wird in dem Maße detaillierter, in dem du deine verschiedenen Teile kennen lernst und dich auf unbekanntes Gebiet vorwagst. Manch einer hat sich bereits im Alter von fünf Jahren eine genaue Karte zurechtgelegt, nach der er sich sein Leben lang richtet. Für andere ist zu Beginn noch nichts festgelegt. Ihre Landkarte nimmt nach und nach Gestalt an durch die Verbindungslinien, die sich aus den Ereignissen und Erfahrungen ergeben, die wir machen, wenn wir uns bewegen, schauen, hören, sprechen, abwägen und Herausforderungen annehmen.

Auf unserer ersten Karte ist meist nur ein Weg eingezeichnet – der »einzig richtige« –, der sowohl durch all die Ansprüche unserer Umgebung an uns vorgezeichnet ist als auch durch ein festgelegtes Ziel, dem wir uns mit dem Maßstab von gut und schlecht, richtig und falsch nähern. Vielleicht ist das anfangs auch richtig so, weil wir noch nicht genug eigene Orientierung haben. Wenn das jedoch unsere einzige Lebensorientierung bleibt, können sich nur wenige Seiten in uns entwickeln, während andere versteckt bleiben. Und auch die Gesichter, die wir als unsere annehmen, können sich nicht voll entfalten, weil auch das Nichtausleben einiger Teile viel Energie kostet. Wir wissen inzwischen sehr viel mehr über den Menschen, als wir im Allgemeinen annehmen. Wusstest du zum Beispiel, dass jede deiner Zellen eine eigene Intelligenz besitzt und dass jede Zelle das Programm für den Aufbau des ganzen Körpers, ja vielleicht des Universums in sich trägt? Wusstest du, dass auch deine Gedanken das Wachstum deiner Zellen sowohl positiv als auch negativ beeinflussen? Die Intelligenz unserer Zellen kann sich nicht auswirken, wenn der Verstand diese Intelligenz nicht anerkennt oder sogar etwas ganz anderes fordert.

Unsere heutige Zeit ist ganz schön aufregend, weil fast jeder Tag neue Informationen über Lebensprozesse ans Licht bringt. Vielleicht wäre es einer der größten Liebesdienste an uns selbst, wenn wir uns einmal all unsere Überzeugungen daraufhin anschauen würden, ob sie heute überhaupt noch zu uns und unserem Leben passen oder ob sie Relikte aus der Vergangenheit sind, die wir unüberprüft mit uns herumschleppen.

Damit sind wir jetzt am Ende des Abenteuers angekommen, das ich dir versprochen hatte. Vielleicht hast du neue Ideen und Informationen bekommen, mit denen sich auch für dich neue Möglichkeiten abzeichnen, die du jetzt auf deiner ganz persönlichen Reise verfolgen kannst. Dieses Leben gehört dir und du hast nur dieses eine. Nur du gestaltest es. Jeder Designer verwendet bestimmte Materialien und du, in deiner Einmaligkeit, gestaltest dich.

Mir hilft es immer, wenn ich mir das aufschreibe, was für mich wichtig ist. Deshalb schlage ich auch dir vor: Notiere dir, welche neuen Einstellungen du dir für dich wünschst, die du ausprobieren möchtest, und welche vorhandenen du besser kennen lernen möchtest. Dann überlege dir jeweils drei Wege, wie du dorthin gelangen könntest, und notiere sie ebenfalls. Du könntest zum Beispiel ein Buch lesen, mit jemandem darüber sprechen, dich einer Gruppe anschließen, ein Seminar besuchen oder Vorträge anhören. Wenn man *drei* Zugänge hat, dann verfängt man sich nicht so leicht in einer Entweder-oder-Situation. Wenn du deine Phantasie gerne spielen lässt oder eine lebhafte Vorstellung hast, dann benutze sie, vielleicht gibt dir das noch mehr Schwung.

Wenn du einmal mit einer solchen Liste anfängst, fallen dir möglicherweise immer wieder neue Ideen ein. Sieh in ihnen weitere Möglichkeiten, die auch noch in Betracht kommen könnten. Entdecker sind zwar auf der Suche nach einem bestimmten Ziel, aber sie erlauben sich auch, anderen Dingen, denen sie auf ihrem Weg begegnen, nachzugeben, selbst wenn sie dadurch ihre Richtung ändern müssten.

Nachdem du sowohl notiert hast, was du ändern willst, als auch, *wie* du es möglicherweise anfängst, ist es jetzt noch wichtig, dir deutlich zu sagen, welche Sache du als Nächstes ganz konkret anpacken möchtest. Ich führe gerne Tagebuch – je nach vorhandener Zeit mehr oder weniger ausführlich –, um festzuhalten, was sich bei meinen Entdeckungsreisen alles ereignet.

Zur Unterstützung schaue ich auch gerne Fotos von mir an, die mich in den verschiedensten Stimmungen, Aktivitäten und Lebensstufen zeigen. Jede einzelne Situation gehört zu mir und meinem Leben. Ich finde es schön, sich ein eigenes Buch anzulegen – ich nenne es »Mein Buch« –, das sowohl diese Fotos von mir als auch Fotos von den Menschen enthält, die mir wichtig sind. Dazu schreibe ich Auszüge aus meinem Tagebuch, berichte von neuen Versuchen und halte fest, wie ich im Laufe der Zeit mit gleichen Situationen anders umgehe, registriere Nacht- und Tagträume und sonstige wichtige Erfahrungen. Auf diese Weise bekomme ich ein Gefühl für den Entwicklungsprozess in meinem Leben.

Jeder von uns kann – unabhängig vom Alter – immer noch Neues in sich entdecken. Damit wird unser Leben für uns und für andere interessant. In dem Maße, in dem wir uns selbst mit all unseren Teilen akzeptieren, werden wir eine abgerundete Persönlichkeit, die zu sich selbst liebevoll ist und dadurch auch anderen offener und liebevoller begegnen kann. Die Herausforderungen, denen wir uns zu stellen haben, können wir zu schöpferischen Abenteuern werden lassen. Das geht nicht immer schmerzlos, aber verspricht ein zufriedenstellenderes Ergebnis.

So wünsche ich dir nun alles Gute auf deiner ganz persönlichen Entdeckungsreise, dir als Wunder zu begegnen. Liebevolle Gedanken von mir begleiten dich und wollen dir Mut machen, neue Erfahrungen zu riskieren.

Virginia Satir war eine der bedeutendsten Familientherapeutinnen. Bis zu ihrem Tod im Jahr 1988 leitete sie weltweit Workshops und Ausbildungen in Familientherapie. Noch heute orientieren sich viele Therapeuten an ihren wegweisenden Aussagen zur Familientherapie.

Edith Zundel schrieb in ihrem Nachruf auf Virginia Satir in der *ZEIT*: »Sie war die ›Mutter‹ der Familientherapie. Schon früh lernte sie Familienprobleme kennen, erst als Lehrerin, dann als Sozialarbeiterin, bis sie sich schließlich nach einer Lehrtherapie als Therapeutin selbständig machte. (...) Sie machte es sich zum Lebensziel, so vielen Menschen wie möglich zu einer Kommunikation zu verhelfen, die frei macht und Wachstum und Frieden fördert.«